Gottfried Dietze

# Begriff des Rechts

Wissenschaftliche Abhandlungen und Reden
zur Philosophie, Politik und Geistesgeschichte

Band 22

# Begriff des Rechts

Von

Prof. Dr. Gottfried Dietze

Duncker & Humblot · Berlin

Die Deutsche Bibliothek – CIP-Einheitsaufnahme

**Dietze, Gottfried:**
Begriff des Rechts / von Gottfried Dietze. – Berlin : Duncker und Humblot, 1997
  (Wissenschaftliche Abhandlungen und Reden zur Philosophie, Politik und Geistesgeschichte ; Bd. 22)
  ISBN 3-428-09094-2

Alle Rechte vorbehalten
© 1997 Duncker & Humblot GmbH, Berlin
Satz und Druck: Berliner Buchdruckerei Union GmbH, Berlin
Printed in Germany
ISSN 0935-5200
ISBN 3-428-09094-2

*Reinhard Goerdeler*
*in memoriam*

# Vorwort

Recht impliziert Rechthaben. Wer Recht setzt oder sich darauf beruft, glaubt in der Regel, daß er recht hat. Vom Rechthaben aber ist es nicht weit zur Rechthaberei, in der eine Intensivierung des Rechthabens gesehen werden kann. Da diese nun beim Kampf ums Recht mehr oder weniger als natürlich erscheint, kann man meinen, Recht beruhe im Grunde auf Rechthaberei. Das aber weist zu einer Kritik des Rechtsbegriffs. Weil Intensivierungen meist über das dem Normalen gemäße Maßvolle hinausgehen, sollte man sich bei Behauptungen des Rechts angesichts seiner Qualität als ethisches Minimum vor gewissenlosen Rechthabereien hüten und vielleicht sogar bemühen, zum Wohle des Rechten zu einem von Rechthaberei erlösten Recht zu gelangen. Die vorliegende Arbeit versucht, diesbezügliche Probleme aufzuweisen in der Hoffnung, rechthaberischen Versuchungen nicht erlegen zu sein.

# Inhalt

I. Rechthaberei im Recht ........................................ 11

II. Rechthaberei beim Rechtsetzen ............................. 28

III. Wachsen des Rechtsetzens und dessen Rechthabereien .. 42

IV. Rechthaberei bei Interpretationen des Rechts ............. 63

V. Rechthaberisches Herausfordern des Rechts ............... 73

VI. Überwindung der Rechthaberei im Recht .................. 88

Gerechtigkeit erhöht ein Volk.
Sprüche Salomos, 14, 34

Fehlt die Gerechtigkeit, was sind dann die Reiche anderes als große Räuberbanden?
Augustinus, De civitate Dei, IV. 4

Gerechtigkeit ist eine Hauptsäule, die das ganze Gebäude trägt. Wird sie entfernt, so muß der große, ungeheure Bau der menschlichen Gesellschaft ... sofort in seine Atome zerfallen.
Adam Smith, Theory of Moral Sentiments

Wenn die Gerechtigkeit untergeht, so hat es keinen Wert mehr, daß Menschen auf Erden leben.
Kant, Metaphysik der Sitten

Wie der Handelnde ... immer gewissenlos ist, so ist er auch immer wissenlos; er vergißt das meiste, um eins zu tun, er ist ungerecht gegen das, was hinter ihm liegt, und kennt nur ein Recht, das Recht dessen, was jetzt werden soll. So liebt jeder Handelnde seine Tat unendlich mehr, als sie geliebt zu werden verdient ... denn so steht es nun einmal mit den menschlichen Dingen: immer ist in ihnen die menschliche Gewalt und Schwäche mächtig gewesen. Es ist nicht die Gerechtigkeit, die hier zu Gericht sitzt; es ist noch weniger die Gnade, die hier das Urteil verkündet: sondern das Leben allein, jene dunkle, treibende, unersättlich sich selbst begehrende Macht.
Nietzsche, Vom Nutzen und Nachteil<br>der Historie für das Leben

Heute fühlt man sich nur verantwortlich für das, was man will und tut, und hat in sich selber seinen Stolz: alle unsere Rechtslehrer gehen von diesem Selbst- und Lustgefühl des einzelnen aus, wie als ob hier von jeher die Quelle des Rechts entsprungen sei.
Nietzsche, Die fröhliche Wissenschaft

Recht aber soll vorzüglich heißen, was ich und meine Gevattern preisen.
Carl Schmitt, Legalität und Legitimität

# I.

Rechthaberei schafft Recht. Der Begriff des Rechts setzt den Begriff der Rechthaberei voraus, denn richtiges Begreifen der Rechthaberei entpuppt diese als Wurzel des Rechtsbegriffs.

Im Gegensatz zum Recht haftet der Rechthaberei etwas Zweifelhaftes an, vergleichbar etwa dem Demokratismus im Gegensatz zur Demokratie, dem Liberalistischen im Unterschied zum Liberalen. Sieht man aber genauer hin, wird man einer Täuschung gewahr. Man findet heraus, daß z. B. liberal im Sinne der von Locke und Montesquieu bis zu Hayek und Röpke vertretenen Bewegung des klassischen Liberalismus lediglich ein Aspekt des Liberalismus an sich, des reinen Liberalismus ist. Der aber ist angesichts seiner ethischen, moralischen, rechtlichen und anderen Blößen bloß an Erweiterungen der Freiheit interessiert und läßt Ausschweifungen ins Liberalistische derart unbekümmert zu, daß man ihm das Liberalistische eher gleichsetzen kann als partielle Erscheinungen des Liberalen an sich, einschließlich der klassischen. Mit dem Demokratismus ist es ähnlich. Dem Wort nach geht die Demokratie über das, was im Altertum die Griechen und in der Neuzeit Rousseau unter ihr verstanden, hinaus, bedeutet sie die qualitativ und quantitativ völlig unbeschränkte Herrschaft aller im Volke, ohne jegliche Unterschiede. So ist der Demokratismus der Demokratie an sich, der reinen Demokratie als Urgrund aller in Erscheinung tretenden demokratischen Spielarten einschließlich all derer, die man schlecht und recht heute als Demokratien bezeichnet, näher als diese Spielarten. Daran dachte wohl Carl Schmitt, als er mir erzählte, in seiner Nürnberger Zelle habe er die Frage eines Vernehmungsoffiziers, ob er für die Demokratie sei, mit der Gegenfrage beantwortet, welche Art der Demokratie der Vernehmende wohl im Sinn habe, worauf letzterer entschied, er dürfe nicht freigelassen werden. Im Anschluß an Platon und Kant, deren sich ähnelnde Gedanken zum Sein, Werden und Wesen Thomas Mann in seiner Einführung zu Schopenhauer hervorhob, sollte der Unterschied von „liberalism proper" und dem, was jeweils nach Gutdünken als ein spezifischer „proper liberalism" angesehen wird, ebensowenig übersehen werden wie der zwischen der eigentlichen Demokratie und den in der Laune und Mode der Zeiten und Gezeiten als proper empfundenen verschiedenen Arten der Volksherrschaft, die oft über ihre Quelle und dem ihnen innewohnenden Kern des Eigentlichen mit seinem Vermögen zum Guten und Bösen hinwegtäuschen. Das alles zeigt das ungeheure – und ungeheuerliche – Potential der liberalen Demokratie, in die viel hineingelesen werden kann.

Während man in liberaldemokratischen Zeiten grundsätzlich geneigt ist, in der Freiheit und der Herrschaft des Volkes vorwiegend Positives zu sehen, erblickt man in der Rechthaberei etwas Nachteiliges. Viele dürften dann denken, was der alte Kant, den man als pragmatischen Idealisten wie auch als idealistischen Pragmatiker sehen kann, gegen Ende seines Lebens veröffentlichte.[1] Seine Bemerkung ist kiebig und hinsichtlich der Rechthaberei ergibig. Von jemand verfaßt, dessen Entdeckungen derart bedeutend waren, daß man seither in ihnen die Scheidelinie zwischen vor- und nachkantischer Philosophie gesehen hat, wird da mit großer Selbstbescheidung dem allmählich mit der Zeit Gewachsenen, von ihr sanktionierten und vielleicht gehei-

---

[1] Anthropologie in pragmatischer Hinsicht abgefaßt, 1798, in Königlich Preussische Akademie der Wissenschaften (Hrsg.), Kants Werke, Berlin, 1907 - 12, VII, 226.

ligten Fortentwickelten das genial gefundene, als richtiger empfundene, auf besseres Wissen und ein gutes Gewissen fundierte Neue gegenübergestellt. Gegen beides hat Kant nichts einzuwenden. Der als Befreier bekannte Weise von Königsberg läßt offen, ob das langsam Entwickelte oder das genial Entdeckte vorzuziehen sei. Hierzu paßt, daß er die Frage, ob mühsames Lernen und Forschen bei einem geduldig fortgesetzten Gang mit Fleiß, Ordnung und Klarheit erstrebenswert ist, mit einem klaren Ja beantwortet. Von Besserwisserei und Rechthaberei also keine Spur.

Andererseits wird aber eindringlich gewarnt, wenn Kant auf *Geniemänner* zu sprechen kommt. Da dieses Wort das einzige gesperrt gedruckte ist, erscheint die ganze Stelle wohl vorzüglich als Polemik gegen Besserwisserei und Rechthaberei. Wenn Kant es vorzieht, Geniemänner lieber als Genieaffen zu bezeichnen, sagt das allein schon einiges. Das sind Menschen, die sich als Genies aufführen und als solche aushängen, also versuchen, Genies nachzuäffen, wodurch sie schon zeigen, daß sie große Genies eben gerade nicht sind. Aber damit nicht genug. Auf wahrhaft arrogante Weise drängen sie sich auf, erklären sie mühsames Lernen und Forschen für stümperhaft, verachten sie die Grundlage aller Wissenschaft voller Hochmut. Sie maßen sich an, deren Geist mit einem Griffe gehascht zu haben. Wenn sie diesen auch nicht als Ganzes verabreichen (was sie ohnehin kaum könnten, ohne Argwohn zu erregen und was sie überdies leicht entlarven würde), so versuchen sie doch auf geschickte und gerissene Weise, ihn in außerordentlich gewandter Sprache in kleinen Gaben konzentriert und kraftvoll an den Mann zu bringen. „Dieser Schlag" von Menschen, wie ihn Kant nennt, versucht die Menschheit mit oberflächlichen Gedanken zu schlagen. Er besteht aus Quacksalbern, Marktschreiern und Gauklern, die mit ihrer Behendigkeit die Armseligkeit ihres Geistes zu verdecken suchen. Fortschritten in wissenschaftlicher und sittlicher

Bildung ist er „sehr nachteilig". Kant hält ihn für besonders gefährlich, wenn er sich über Religion, Staatsverhältnisse und Moral gleich Eingeweihten vom Weisheitssitze herab in entscheidendem Tone ausläßt.

Kants jüngerer Zeitgenosse Pestalozzi sprach von der Gefahr der Rechthaberei allgemeiner: „Je höher die Rechthaberei in einem Menschen steigt, desto seltener hat er recht, d. h. desto seltener stimmen seine Aussagen und Behauptungen mit der Wahrheit überein."[2] Vielleicht trug diese Äußerung mit zu der Bewunderung Fichtes, der Kant in Königsberg gehört hatte, für den schweizerischen Pädagogen bei. Am Ende seiner 1794 in Jena gehaltenen Vorlesung über die Bestimmung des Gelehrten sah er sich ja als „Priester der Wahrheit". Auch Wilhelm Busch gab eine umfassende Beschreibung des Rechthabers in „Schein und Sein":

> Seine Meinung ist die rechte,
> Wenn er spricht, müßt ihr verstummen,
> Sonst erklärt er euch für Schlechte
> Oder nennt euch gar die Dummen.
> Leider sind dergleichen Strolche
> Keine seltene Erscheinung.
> Wer nicht taub, der meidet solche
> Ritter von der eignen Meinung.

Rechthaber sind in allen Altersstufen keine seltene Erscheinung. Drängelnde, quengelnde Kinder, die schreien und schmollen, wenn man ihnen ihren Willen nicht läßt; aufbegehrende Schüler und Studenten, die behaupten, eine bessere Note zu verdienen: Eltern und Lehrer wissen ein Lied von ihnen zu singen. Eric Voegelin sprach zu mir geringschätzig von den „bright young men", junger Abbilder kantischer Genieaffen, die an „debating teams" Gefallen finden und schnell gefaßte Ansichten an den Mann bringen,

---

[2] Der natürliche Schulmeister, 3: Zueignung.

deren solide wissenschaftliche Arbeit aber zu wünschen übrig läßt. Daumiers schreiender Werber an einer Schaubude zeigt einen Rechthaber auf pompöse, humorvolle Art, Pablo Gargallos eindringliches lebensgroßes Standbild von 1933, „Der Prophet", dagegen auf asketische, eher tragische. Mit seinem Beharren sowie opportunistische Ausflüchte anzeigenden Verknöcherungen und Durchlöcherungen zeigt letzteres offensive rechthaberische Starrheit in einem Zug mit Wendigkeit. Es ist ein weiter Schrei von Picassos Asketen der blauen Periode in der Barnes-Sammlung, dessen defensive Bescheidenheit beruhigende Überlegenheit ausstrahlt. Der leere Suppenteller auf dem Tisch vor ihm erinnert an die Worte, die Ralph Waldo Emerson angesichts einer wohl rechthaberischen Tirade unter „Worship" in „The Conduct of Life" schrieb: „The louder he talked of his honor, the faster we counted our spoons." Rechthaber werden in ihrer Aufdringlichkeit als eklig und widerlich empfunden. Man meidet solche Ritter von der eignen Meinung.

Untersucht man ihr eigentliches Wesen, erweisen sie sich nicht gerade als solche, die als Besserwisser angeprangert wurden. Denen mag Rechthaberisches anhaften, ihr Kern ist es nicht. Allgemein begnügen sie sich nämlich damit, in Stammtischmanier an Bestehendem bloß herumzunörgeln. Daher besteht meist eine gewisse Einigkeit in froher Runde. Sollte in ihr ein Rechthaber auftauchen, dürfte er bald bei einem Glas Bier besänftigt werden. Mit anderen Worten, Meckerern fehlt im Grunde das Ichbewußtsein. Sie sind nicht eigentlich „Ritter von der eignen Meinung", nicht das, was das englische „self-righteous" bezeichnet.

Aber gerade das Ich, das Ego, der Gedanke, daß er, und nur er, recht hat, steht beim Rechthaber im Vordergrund, und mag er sich noch so altruistisch geben, denn Rechthaberei schließt Altruismus nicht aus. Wofür er sich auch einsetzen mag, ist der Rechthaber ein von sich selbst und sich selbst allein Eingenommener, der seine Meinung anderen aufdrängen will, sogar wenn er dabei keine weiteren Vorteile hat als eben die Befriedigung, als Besserwisser anerkannt zu werden und seine Ansicht durchzusetzen. Der Rechthaber ist hauptsächlich ein Durchsetzungsegoist, sein Egoismus besteht vor allem darin, sich anderen gegenüber zu behaupten, ohne Rücksicht auf die Qualität des Behaupteten. Es ist sein Wille, der hier am Werk ist gegenüber dem Willen anderer, und sei dieser noch so viel besser und vernünftiger als der eigene. Der Verstand des Rechthabers steht dem seiner Mitmenschen entgegen, bringt diesem aber keinerlei Verständnis entgegen. Beim Willen des Rechthabers gibt es keine ästhetische, keine ethische Suspendierung wie bei dem Schopenhauers. Auch wenn er Schönes, Gutes und gar Heiliges vertritt, sind seine Vorstellungen doch nur hartnäckig rechthaberische. Nur dann, wenn er diese durchsetzt, findet er sich befreit, kommt das Rad des Ixion für ihn zum Stillstand. Der Ritter von der eignen Meinung kämpft mit dieser für diese und damit für mehr Freiheit für sich selbst. Wie unvorteilhaft das für andere auch sein mag, ist es doch durchaus mit dem Liberalismus vereinbar, denn mit ihm in seiner Reinheit ist ja alles vereinbar, was dem mehr Freiheit suchenden Individuum nur recht ist.[3]

Wenn aber Freiheitsstreben Liberalismus ist, ist Rechthaberei ein Aspekt des Liberalismus, und zwar nicht nur einer im Sinne des klassischen Liberalismus, der einzelnen, auch Rechthabern, gegenüber der Regierung Raum einräumt. Denn dieser ist lediglich eine der vielen teilweisen Realisierungen des Liberalismus an sich als Wurzel aller Liberalismen, der von allen Hemmungen bloßer Freiheitsbegehren frei ist und nur die freiheitliche Förderung des Selbst im Sinn hat, die in Richtungen ausscheren kann, welche das Maß des klassischen Liberalismus verlassen, bis hin zur

---

[3] Vgl. mein Buch: Reiner Liberalismus, Tübingen, 1985.

Anarchie und zum Despotismus. Das alles kann aber auch die Rechthaberei als eine Version des Liberalismus. Sie kann auf diese Weise immer übler werden. Denn auch quantitativ sind der Rechthaberei kaum Grenzen gesetzt.

Der Rechthaber will seinen Willen nicht nur seinem Gegenüber aufzwingen, seinem näheren Umkreis. Er wird dies auch einem größeren Personenkreis antun, einem Verein, einer Partei, ja dem ganzen Volke. Dabei macht es nichts aus, ob er ein einzelner oder eine Gruppe von Menschen oder deren Mehrheit ist. In allen Fällen ist der Weg frei für jede Art von Besserwisserei und deren rechthaberische Despotismen. Dabei darf nicht unbeachtet bleiben, daß der Despotismus der Masse schlimmer sein kann als der einzelner. Immer sollte man sich der Worte gewahr sein, die der als Vater der amerikanischen Medizin bekannte Benjamin Rush, ein Unterzeichner der amerikanischen Unabhängigkeitserklärung, schon 1777 in seinen Beobachtungen der Regierung von Pennsylvania schrieb. Sie warnten vor der absoluten Macht der gewählten Volksvertreter in der Legislatur. Ähnliches tat Jefferson, der Verfasser der antimonarchistischen Unabhängigkeitserklärung, ein wenig später. Diese Bedenken veranlaßten auch die amerikanische Bundesverfassung. Sie war offenbar in der verfassunggebenden Versammlung von Philadelphia und ist ersichtlich im klassischen Kommentar dieser Verfassung, dem vom Alexander Hamilton, James Madison und John Jay geschriebenen „Federalist".[4] So blieb der Amerikanischen Revolution eine Jakobinerherrschaft erspart.

Die Grausamkeiten dieser Herrschaft unter Robespierre sowie die ähnlicher rechthaberischer Regimes dürfen nun aber nicht dahin führen, Rechthaberei pauschal zu verurtei-

---

[4] Vgl. mein Buch: The Federalist: A Classic on Federalism and Free Government, Baltimore, 1960. Die Hinweise auf Rush, Jefferson und die verfassunggebende Versammlung von Philadelphia befinden sich auf den Seiten 60 - 68.

len. Gewiß sind Angriffe auf sie im großen und ganzen gerechtfertigt. Das darf aber nicht dazu verleiten, nicht zu fragen, ob diese auch immer gerechtfertigt sind. In seinem kurz vor dem Tode verfaßten letzten Brief – er war an Wilhelm von Humboldt gerichtet, dem John Stuart Mill seinen bekannten Essay über die Freiheit widmete – schrieb Goethe, man müsse nachdenken und immer wieder nachdenken. Und wie in unserer, von AIDS kastigierten permissiven Zeit mehr und mehr Menschen darüber nachdenken dürften, ob an der moralischen Rechthaberei des viktorianischen Zeitalters, gegen die Mill seinen Essay richtete, nicht doch einiges zu preisen war, sollte man heute fragen, ob denn nicht auch an der Rechthaberei Vorteilhaftes sein kann.

Rechthaberei tritt nur allzu oft auf üble Weise auf. Wie aber, wenn der Rechthaber recht hat? Wie man das Recht nicht einfach vom Unrecht unterscheiden sollte, weil ihm sonst der Sieg zu leicht gemacht würde,[5] darf man Rechthaber nicht einfach als Unrechthaber abtun, da ihnen sonst jede Chance einer gerechten Beurteilung genommen würde. Weil es beim Recht auf Nuancen ankommt, darf man auch bei der Rechthaberei vor Nuancierungen nicht zurückschrecken, denn jedes Zurückschrecken ist der Schrecken des Denkens und Nachdenkens. So sollte man rechthaberische Kinder nicht generell verurteilen und immer an Rousseau und John Dewey denken sowie auch an Picassos Äußerung, wenige nur brächten es fertig, wie ein Kind zu malen. Obgleich ich Voegelins Ansicht über die „bright young men" in meiner langen Lehrtätigkeit grundsätzlich bestätigt sah, war da doch hin und wieder einer mit einem „flash of insight", einem Aperçu, einem geistreichen Einfall. Das dürfte auch auf Kants Geniemänner zutreffen. Pestalozzis

---

[5] Carl Schmitt, Was bedeutet der Streit um den ‚Rechtsstaat'?, Zeitschrift für die gesamte Staatswissenschaft, XCV (1935), 189, sagt ähnliches im Hinblick auf den Rechtsstaat und den Unrechtsstaat.

Behauptung, je höher die Rechthaberei in einem Menschen steige, desto seltener habe er recht und desto seltener stimmten seine Aussagen mit der Wahrheit überein, mag im Grunde schon richtig sein. Dennoch sollte das Wort „seltener" nicht übersehen werden. Es schließt nicht aus, daß Rechthaber hin und wieder tatsächlich recht haben, die Wahrheit sehen und entsprechend auftrumpfen können. Man denke nur an den triumphierenden Ausspruch, „und sie bewegt sich doch!"

Leute, die Rechthaber nicht mögen, können ebensowenig ein Monopol auf die Wahrheit beanspruchen wie Rechthaber. Sonst wären sie ja selbst Rechthaber, als Verabscheuende würden sich sich zu Verabscheuten deklassieren. Die Durchlöcherungen in Gargallos Propheten können auch die Wunden darstellen, die ihm von seinen Feinden beigebracht wurden, weil er ihnen unliebsame Wahrheiten entgegenschleuderte, die ihm aber ähnlich wenig anhaben konnten wie die Pfeile dem heiligen Sebastian. Ein Prophet ist gewiß nicht nur ein Weissager im Sinne eines Weissmachers, sondern auch ein sehender Weiser, ein Weihender. In meinen Kollegs habe ich oft den „teacher" vom „preacher" unterschieden, den rationalen Wahrheitssucher vom Prediger eigener Ansichten. Dennoch habe ich stets darauf aufmerksam gemacht, daß auch letzterer mit oft sehr wichtigen Wahrheiten aufwarten kann. Man kennt schließlich nicht nur Große Propheten wie Isaias und Kleine Propheten wie Hosea, sondern auch gute im Gegensatz zu falschen. Fazit: der Prophet als solcher kann durchaus ein Weiser sein, und zwar gerade aufgrund seiner rechthaberisch vorgebrachten Meinungen, also ein Priester der Wahrheit im Sinne Fichtes, dessen Einstehen für die Wahrheit vor allem deshalb Ressentiments hervorruft, weil, wie es heißt, niemand die Wahrheit hören will.

So gebührt es sich, über die bösen Seiten der Rechthaberei nachzudenken und immer wieder nachzudenken. Man darf sich nicht scheuen, das auf der Hand Liegende zu sehen und anzuerkennen: nämlich, daß im Wort „Rechthaberei" der Gedanke des Rechthabens leuchtet und aus ihm nicht zu verscheuchen ist. Selbst bei Rechthabereien, denen Makel anzuhaften scheinen, muß man also fragen, ob nicht doch etwas Gutes in ihnen steckt. Man sollte nicht vergessen, daß Rechthaberei ja letzten Endes nur eine besonders aufdringliche und krasse Weise des Rechthabens ist und an einem nachdrücklichen Behaupten eines Rechts doch sicherlich nichts auszusetzen ist. Im Wort „Rechthaben" ist diese doppelte Bedeutung, die makelhafte wie die makellose, enthalten. Sein Januskopf schaut auf gleiche Weise nach beiden Seiten aus, gleichgültig, wie es aussieht. Wie man den Rechthaber allgemein auch verurteilen mag, sollte man doch die Augen vor seinen guten Absichten nicht verschließen, denn niemals sollte Gutes von Bösem ganz verdeckt werden.

Diese Gefahr verringert sich bei einer der vielen Erscheinungen des Rechthabens, der juristischen. Letztere fällt klar unter den Begriff der Rechthaberei, weil das Rechthaberische dem Juristischen auf der Stirn geschrieben steht und es in der Tat fraglich erscheint, ob das eine ohne das andere denkbar ist. Da sich nun von Juristen vorgebrachte Rechthabereien von denen der Nichtjuristen insofern unterscheiden, als sie beruflich ausgeführt werden, Juristen aber als ehrbare Leute gelten, dürften von ihnen vorgetragene Rechthabereien dem juristischen Metier entsprechen und einigermaßen häufig sein im Rechtsverkehr. Als Rechtswahrereien und Rechtswahrheiten dürfen sie das Rechthabern oft angekreidete Ominöse reduzieren, wenn nicht gar überschatten und eliminieren.

Bei den allgemeinen Zweifeln über das Rechthaberische, die in ihm Böses eher als Gutes sehen, wäre das ein kaum erwartetes Verdrängen des Bösen durch das Gute, bestimmt kein leichtes Unterfangen. Denn hier müssen Juristen nicht

## I. Rechthaberei im Recht

nur weitverbreitete Ansichten gegen die Rechthaberei aus dem Wege räumen, sondern auch kritische Meinungen gegen sich selbst. Mit großer Offenheit hat Justus Wilhelm Hedemann das Mißtrauen gegenüber Juristen betont.[6] Allzu oft sieht man Rechtswahrer und Rechtsanwälte als Rechtsverdreher. In kleinen Orten macht man die Erfahrung, daß die Bewohner froh sind, keinen Anwalt unter sich zu haben und hoffen, daß es auch so bleiben möge – um des Rechts im Gegensatz zur Rechthaberei willen. In den Vereinigen Staaten ist der Ruf der Juristen heute bei weitem nicht mehr der, den seinerzeit de Tocqueville voller Achtung beschrieb.[7] Wie in Deutschland werden dort immer mehr Menschen im Recht ausgebildet, die sich der ständig wachsenden Streitigkeiten mehr oder weniger wissensmäßig und gewissenhaft annehmen, in denen ihre Mandanten oft bloße Querulanten sind, die sich der Rechtsbeflissenen bedienen, um ihren Willen rechthaberisch durchzusetzen. Die Tatsache aber, daß sich Advokaten dazu hergeben um des lieben Geldes willen, vergrößert die Skepsis ihnen gegenüber noch.

Obwohl der Querulant vielen als eine besonders unerfreuliche Dimension des Rechthabers erscheint, ist er vor allem ein nörglerischer Querkopf, der sich des Unterschiedes zwischen Recht und Unrecht wenig bewußt ist und auch an dem etwas auszusetzen hat, was er nicht einmal als etwas empfindet, das sein Ego antastet. Er ist Querulant nicht um des Rechts willen, sondern um des Nörgelns und der Querelen willen. Es fällt ihm schwer, sich in Bestehen-

---

[6] Einführung in die Rechtswissenschaft, 2. Aufl., Berlin / Leipzig, 1927, 418.

[7] De la démocratie en Amérique, Paris, 1835 - 40, I, Kap. 6, betont das Prestige der Richter. Carl B. Swisher, The Supreme Court: Need for Re-evaluation, Virginia Law Review, XL (1954), 837, zeigt den Verlust dieses Prestiges infolge rechthaberischer Zänkereien unter ihnen. Für Zänkereien unter hohen deutschen Gerichten vgl. die Referate von Isensee, Starck und Seidl beim 61. Deutschen Juristentag 1996.

des einzufügen, und das braucht nicht einmal die gültige Rechtsordnung zu sein. Der Querulant ist der Kritiker par excellence, der von der kritischen Philosophie meist keine Ahnung hat. So wird er von allen gering geschätzt und bemitleidet als einer, dem schwer zu helfen ist. Er wird natürlich auch von beruflichen Rechtshelfern durchschaut. Wenn die sich dennoch seiner Sache annehmen, erscheinen sie weniger als Ritter einer Meinung, von deren Richtigkeit und Rechtlichkeit sie überzeugt sind, sondern als unerfreuliche Rechtsstreitsuchende, die ungebührlicher Rechthaberei verfallen, was ihrem Beruf und noch mehr ihrer Berufung als ehrliche Rechthaber Abbruch tut.

Da nun aber jeder Beruf seine Schattenseiten hat, die Menschen selten Übermenschen sind und, wie Madison im 51. Essay des „Federalist" hervorhob, gewiß keine Engel, sollte man ein solches Verhalten als Ausnahme betrachten und dem Rechthaber aus Beruf das zugestehen, wofür sich so mancher von ihnen bei der Verteidigung eines Straffälligen eingesetzt hat, wenn er dafür plädierte, diesem den „benefit of the doubt" zuzuerkennen. So erscheint es fair, bei dem bereits erwähnten Argument zu bleiben: da der Rechtspfleger einem geachteten Beruf angehört, etwas Respektables aber kaum übel sein kann, muß man wohl zugeben, daß bei Juristen Rechthaberei eher etwas Gutes als Böses ist – trotz aller Urteile und Vorurteile, die über sie seit langem bestanden haben.

Besonders im Juristischen sind ja die Grenzen zwischen recht haben, Rechthaben und Rechthaberei schwer zu ziehen. Richtig und schonungslos begriffen, kann Rechthaberei sehr wohl berechtigt sein und zum Recht führen, kann Recht auf Rechthaberei beruhen. Wenn aber Gutes nicht aus Bösem hervorgehen dürfte und vermeintlich gutes Recht nicht aus vermeintlich böser Rechthaberei, muß die Rechthaberei ihren Makel gegenüber dem Recht verlieren. Das aber dürfte unschwer zu bewerkstelligen sein. Man braucht nämlich die Reihenfolge des Dreiklangs „recht haben, Rechthaben, Rechthaberei" nur umzudrehen. Anstelle des Gedankens, daß recht haben zum Rechthaben und dieses zur Rechthaberei abfällt, braucht man nur zu sagen, Rechthaberei bewege sich aufwärts zum Rechthaben und dieses führe zum Recht haben. So kann man Rechthaberei als äußerste Behauptung seines Rechts, als Grundlage seines Rechthabens, seines Im-Rechte-Seins sehen, das anzeigt, daß man recht hat. Der nicht nur von Busch heruntergemachte Ritter von der eignen Meinung erscheint, wenn diese auf die Behauptung eines wirklichen Rechts abzielt – und sei es auf eine noch so halsstarrige, widerliche Art – als edler Streiter für sein Recht, für das Recht schlechthin, im Kampf ums Recht.

Jherings Wiener Vortrag, zwei Jahrzehnte nach der Veröffentlichung von Mills Essay über die Freiheit gehalten, ist wohl einer der berühmtesten von einem Juristen gehaltenen Vorträge, gewiß der bekannteste des 19. Jahrhunderts, das als liberales Jahrhundert bekannt wurde. Wie in Mills Essay, kann man in ihm ein klassisches Argument im Sinne des sogenannten klassischen Liberalismus sehen. Vorgetragen von einem Gelehrten, der, wie Mill, Verständnis für soziale Forderungen und Nöte hatte, zeigte sich in ihm doch der Romanist, der über den Geist des Römischen Rechts geschrieben hatte. Jhering trat für eine individuelle Rechtsbehauptung ähnlich ein, wie Mill für eine Befreiung der einzelnen von moralischen Beschränkungen. Er stellte auf das subjektive Empfinden des Individuums, ein Recht zu haben, ab. Dieses egoistisch motivierte Individuelle aber kann letzten Endes als Rechthaberei gesehen werden, als liberaler Drang nach Befreiung von als ungerecht empfundener Drangsal. Jhering beschränkte den Kampf ums Recht keineswegs auf diejenigen, deren Beruf es ist, diesen Kampf zu führen und deren Vertreter ihm damals zuhörten. Ganz im Gegenteil: dieser Kampf war jedermanns Sache und heilige Pflicht, und Jhering betonte, die Bereitschaft hierzu sei bei Bauern am größten, also bei einem Stande, der trotz der ihm nachgesagten Bauernschläue nicht gerade wegen juristischer Ausbildung bekannt ist, wie sehr auch juristische Schliche Schläue zeigen mögen. Die Treue des Bauern aber zu seiner Ehre und ehrbaren Unabhängigkeit, die sich in eigensinniger Behauptung seines Rechts und im unermüdlichen Kampf um dasselbe zeigt, dürfte, von seinem Grund und Boden aus demonstriert, der hier als Grund und Boden des Rechts dargestellten Rechthaberei entsprechen. Ein anderes bekanntes Werk Jherings hat den Titel „Der Zweck im Recht". Es muß wohl im Geiste seines Wiener Vortrags gelesen werden, denn ohne den Kampf ums Recht hat dieses schwerlich einen Zweck.[8]

Wir stellen fest: Im Hinblick auf bestehendes Recht kann Rechthaberei als Wurzel des Rechthabens, das anzeigt, daß man recht hat, angesehen werden, also als Wurzel des

---

[8] Der Kampf ums Recht, Wien, 1872. Gleich am Anfang steht: „Alles Recht in der Welt ist erstritten worden, jeder Rechtssatz, der da gilt, hat erst denen, die sich ihm widersetzten, abgerungen werden müssen, und jedes Recht, das Recht eines Volkes, wie das eines Einzelnen, setzt die stetige Bereitschaft zu seiner Behauptung voraus. Das Recht ist kein logischer, sondern es ist ein Kraftbegriff... Das Ganze des Rechtslebens, mit einem Blicke überschaut, vergegenwärtigt uns dasselbe Gemälde des rastlosen Ringens, Kämpfens, Arbeitens einer ganzen Nation, wie ihre Arbeit auf dem Gebiete des Eigentums. Jeder Einzelne, der in die Lage kommt, sein Recht behaupten zu müssen, nimmt an dieser nationalen Arbeit seinen Antheil, trägt sein Scherflein bei zur Verwirklichung der Rechtsidee auf Erden." (8 f.) Weiter heißt es: „So vergegenwärtigt uns also das Recht in seiner historischen Bewegung das Bild des Suchens, Ringens, Kämpfens, kurz der gewaltsamen Anstrengung." (16) Für Jhering wird das Recht „im Kampf ums Recht zur Poesie – denn der Kampf um's Recht ist in Wirklichkeit die Poesie des Charakters." (45) „Jeder hat den Beruf und die Verpflichtung, der Hydra der Willkür und der Gesetzlosigkeit, wo sie sich hervorwagt, den Kopf zu zertreten." (57) „Denn das Wesen des Rechts ist, wie schon öfter bemerkt, die That – was der Flamme die freie Luft, ist dem Rechtsgefühle die Freiheit der That, ihm dieselbe verwehren oder verkümmern, heisst es ersticken." (78 f.) Die ganze Arbeit steht unter dem Motto „Im Kampfe sollst Du Dein Recht finden", das an ihrem Anfang und Ende erscheint.

Rechts schlechthin. Denn sie ist ja das, was das Bestehen dieses Rechts behauptet. Da aber ein Recht ohne seine Behauptung kaum möglich ist, Rechthaberei aber Rechtsbehauptung ist, muß Rechthaberei beim Juristischen ihren als übel angesehenen Stachel verlieren. Denn was dazu anstachelt, Recht zu wahren, kann nicht von Übel sein. Carl Schmitt betonte in trauter Kaffeerunde anläßlich der Vollendung seines 90. Lebensjahres, es sei doch verwunderlich, daß erst er den Gedanken des Dezisionismus hervorgehoben habe, wo doch die Entscheidung in der Jurisprudenz eine so wichtige Rolle spielt. Das ist durchaus richtig. Andererseits kann es keine Entscheidung, jedenfalls nicht eine im Sinne eines Urteils, geben, wenn nicht vorher in einem Streit Rechte behauptet werden. Das wird treffend in der amerikanischen Verfassung ausgedrückt. Sie sagt klar, daß das Gericht nur im Falle von „cases" und „controversies" zu einer Entscheidung gelangen darf,[9] nur in Rechtsstreitigkeiten, also nach Rechtsbehauptungen der Parteien, nach deren mit rechthaberischen Argumenten geführtem Kampf um ihr Recht. Den aber dürften sie als einen Kampf ums Recht schlechthin sehen, wie ja auch so mancher, den eine richterliche Entscheidung benachteiligt, behauptet, es gäbe kein Recht. Demnach ist es nicht die Entscheidung im Sinne eines gerichtlichen Urteils, die als Urgrund des Rechts anzusehen ist, obwohl das Wort „Entscheidung" in der juristischen Fachsprache zumeist in diesem Sinne gebraucht wird. Urgrund des Rechts ist eher die Entscheidung, die zu einem Rechtsstreit und dem aus ihm hervorgehenden Urteil führt. Das aber ist die Entscheidung, sein Rechthaben zu behaupten, zu versuchen es zu beweisen. Und die fundiert auf Rechthaberei.

Eine derartige Rechthaberei findet allgemein im Rahmen einer bestehenden Rechtsordnung statt. Wenn sie nicht ge-

---

[9] Art. III, 2.1.

rade Anarchisten sind, werden Rechthaber diese Ordnung anerkennen und sich ihr als gute Bürger einfügen. Sie werden sich als gehorsame Untertanen zeigen, als Gefangene dieser Ordnung, die jene Freiheit genießen, die Montesquieu im Buch 11 seines Hauptwerks über den Geist der Gesetze beschrieb als das Recht zu tun, was die Gesetze erlauben. Sie werden jene gesetzlichen Grenzen als ihre Begrenzungen anerkennen, gesetzt von dem, was Georg Jellinek als ethisches Minimum bezeichnete: dem Recht.[10] Sie sind daher von nichtrechtlichen Erwägungen her, wie ethischen, moralischen und sittlichen, nicht allzu anspruchsvoll. Auch wenn sie ihre eigenen Vorstellungen bei solchen Erwägungen haben, welche die bestehende positive Rechtsordnung zweifelhaft erscheinen lassen, so wissen sie doch, daß ihr Rechthaben, ihre Rechthaberei nur unter den derzeitigen Gesetzen dieser Ordnung greifbare Früchte zeitigen kann. Aus all dem darf man nun aber keineswegs schließen, Rechthaber seien Duckmäuser. Wir wissen, daß sie das gerade nicht sind, diese oft unnachgiebig erscheinenden Verfechter ihres Rechts, die sich lieber bei ihren Mitmenschen unbeliebt machen, als auf ihr Recht zu verzichten und beim Kampf ums Recht zu kapitulieren.

---

[10] Die sozialethische Bedeutung von Recht, Unrecht und Strafe, 2. Aufl., Berlin, 1908, 45: „Das Recht ist nichts anderes, als das e t h i s c h e  M i n i m u m. Objektiv sind es die Erhaltungsbedingungen der Gesellschaft, soweit sie vom menschlichen Willen abhängig sind, also das Existenzminimum ethischer Normen, subjektiv ist es das Minimum sittlicher Lebensbetätigung und Gesinnung, welches von den Gesellschaftsgliedern gefordert wird. Ich spreche von den Existenzbedingungen eines historisch bestimmten Zustandes. Denn das Recht ist ein historisch nach den Existenzbedingungen der verschiedenen Gesellschaftszustände sich änderndes. Als ewiges, absolutes Recht könnten nur die dürftigen Normen erscheinen, ohne deren Befolgung auch nicht einmal das Zustandekommen der primitivsten Form menschlicher Gesellung denkbar ist." Diese Stelle sowie die darauf folgenden Ausführungen Jellineks unterstützen meine Ansicht, daß jeweiliges Recht auf Rechthaberei beruht.

Das ist die Lage im Hinblick auf bestehendes Recht, de lege lata. Wie aber steht es hinsichtlich des zu machenden Rechts, de lege ferenda?

## II.

In der Rechtsetzung wird besonders deutlich, daß Recht auf Rechthaberei beruht, denn Rechtsetzung kann bloße Rechthaberei sein, ohne bestehendes Recht auch nur im geringsten zu berücksichtigen.

Neues schätzt Treue selten nur. Es hat die Menschheit sicher nicht erst fasziniert, seit Paulus den Ephesern riet, den neuen Menschen anzuziehen, der nach Gott geschaffen ist in rechtschaffener Gerechtigkeit und Heiligkeit (4,24). Worte über die Neuigkeit in Kants Anthropologie kommen in den Sinn: „Durch das *Neue,* wozu auch das Seltene und verborgen Gehaltene gehört, wird die *Aufmerksamkeit* belebt. Denn es ist ein Erwerb; die Sinnenvorstellung gewinnt also dadurch mehr Stärke. Das *Alltägliche* oder *Gewohnte* löscht sie aus." In Goethes Bemerkungen über Marivaux steht, das Neue habe als solches eine besondere Gunst. Faust will von Wagner hinweg zu neuem bunten Leben geführt werden. Lincoln, dessen Notstandsregiment Anfang des Bürgerkrieges so manch Neues in die amerikanische Verfassung einführte, verhieß seinem Lande nach der blutigen Schlacht von Gettysburg eine in Freiheit geschaffene neue Nation, eine neue Geburt der Freiheit. Christian Fürchtegott Gellert schrieb 1763 in seinen „Fabeln und Erzählungen" zur Zeit Rousseaus und Jeffersons, als sich das kommende Zeitalter der Gesetzgebungen abzuzeichnen begann: „Ein Ding mag noch so närrisch sein, es sei nur neu: so nimmt's den Pöbel ein." Neues hat durch die Geschichte hindurch gewiß nicht nur den Pöbel eingenommen. Man denke nur an die bündische Jugendbewegung und ihr Streben nach dem neuen, idealen Menschen.

## II. Rechthaberei beim Rechtsetzen

Bei der Rechtsetzung vergrößert sich die Entscheidungsfreiheit des Rechthabers. Er entscheidet über die Behauptung seines Rechthabens nicht mehr unter Beachtung der gegebenen Rechtsordnung, sondern geht gegen diese vor. Er empfindet sie als mangelhaft und will sie teilweise oder total durch neues, seinem rechthaberischen Verlangen entsprechendes Recht ersetzen. Daraus ergibt sich ein wichtiger Unterschied des rechtsetzenden Rechthabers zu dem gesetzestreuen. Unangenehm wie letzterer auch erscheinen mag, hat er doch in vielen Fällen das Argument für sich, dem Jheringschen Imperativ des Kampfes ums Recht zu folgen und sich damit als guter gehorsamer Bürger zu erweisen. Dem gesetzgeberischen Rechthaber geht Gesetzestreue dagegen in dem Maße ab, in dem er gesetzliche Bestimmungen durch neue ersetzen will, wodurch er stets eine gewisse Mißachtung gegenüber der bestehenden Rechtsordnung kundtut. Damit aber macht er es wahrscheinlich, daß Makel, die Rechthabern allgemein angelastet werden, die aber im Bereich des Juristischen aufgrund des Kampfes ums Recht nicht mehr als solche empfunden werden, wieder auftauchen. Und zwar dürften sie als schlimmer noch erscheinen als im zu Anfang beschriebenen nichtjuristischen Bereich. Denn dort dürfte ein Rechthaber als relativ unbedeutendes, oft gar lächerliches Übel angesehen werden, während er als Gesetzgeber einer ist, den man besser nicht nur meidet, sondern vor dem man sich fürchten muß und den man, sollte er seine Rechthaberei als Gesetz durchbringen, keineswegs meiden kann.

Da nun Rechthaber Liberale sind, die im Durchsetzen ihres Willens Befreiung suchen, kann man auch so sagen: Die Rechtsordnung achtenden Rechthaber dürften sich in den Grenzen eines maßvollen Liberalismus bewegen, der etwa dem als klassisch bezeichneten Liberalismus entspricht und bei allen Rechten der Individuen im Sinne bekannter Liberaler wie Montesquieu, Adam Smith und Kant doch auf staatliche Ordnung hält. Gesetzgeberische, rechtsetzende Rechthaber dagegen dürften in verschiedenen Graden und Graduierungen – denn die Spannweite des Liberalismus ist groß – zum Liberalismus an sich, zum „liberalism proper" tendieren, der von allen freiheitshemmenden Erwägungen frei und daher rein ist. Damit sind ihnen ungeheure Möglichkeiten gegeben, die so manchen ihrer Mitmenschen unheimlich und ungeheuerlich erscheinen dürften. Sich freier als gesetzestreue Mitbürger wähnend, werden gesetzgeberische Rechthaber sich nicht scheuen, anderen ihren Willen durch Gesetze vorzuschreiben und in mehr oder weniger rücksichtsloser Weise aufzuzwingen, denn unter dem Freiheitsdrang reiner Art gibt es keine Hemmungen irgendwelcher Art. Den Möglichkeiten des reinen Liberalismus wohl gewahr, wird der rechtsetzende Rechthaber sich über die vom gesetzestreuen Rechthaber akzeptierte Freiheitsdefinition Montesquieus hinwegsetzen und eher der frönen, die im letzten Kapitel von Mills Essay über die Freiheit steht. Nach ihr besteht die Freiheit nämlich darin, gerade das zu tun, was man wünscht („liberty consists in doing what one desires"). Sie schließt ein Potential ein, vor dem sich nicht nur praktische Briten wie Hobbes, Locke und Blackstone fürchteten, sondern auch Kant und Hegel, um nur einige zu nennen.[1]

Nun sahen diese Autoren, wie wir wissen, auch positive Seiten der Freiheit, und Schelling hatte wohl recht, wenn er 1809 in seiner Arbeit über das Wesen der menschlichen Freiheit den Optimismus Spinozas und den späteren Pessimismus Heideggers in der Formel zusammenfaßte, die Freiheit sei „ein Vermögen des Guten und des Bösen." So erscheint die Freiheit als Büchse der Pandora. Sie kann aber nicht nur Gutes und Böses hervorbringen, sondern auch, dem Wind in Shelleys „Ode to the West Wind" ähnlich,

---

[1] Siehe mein Buch: Reiner Liberalismus, 34 - 39.

## II. Rechthaberei beim Rechtsetzen

Zerstörendes und Bewahrendes. Dabei sollte nun in Fairneß zum gesetzgebenden Rechthaber bemerkt werden, daß seine Rechthaberei im Zerstören ebenso Gutes schaffen kann wie das die Rechtsordnung bewahrende Verhalten des gesetzestreuen Rechthabers Böses. Ohne Änderung keine Besserung. Es sollte nur nicht übersehen werden, daß Änderungen häufig Verschlechterungen herbeiführen. Das alles muß man bedenken, wenn man untersucht, wo gesetzgeberische Rechthaberei überall hinführen kann, wenn sie sich unter der ermutigenden Ägis des reinen Liberalismus wähnt, der ja so allerhand zuläßt.

Wie der unter diesem Schild frei operierende Liberale, kann der Recht schaffende, bei weitem aber nicht immer rechtschaffene Rechthaber seinen Willen in vielen Richtungen durchsetzen, denn es ist ja sein Wille, auf den es ankommt. „Il suffit qu'il veut". Er kann hohe ethische, moralische, religiöse und sittliche Werte durchsetzen und sich dabei als Erneuerer im Sinne des Paulus und Lincolns fühlen. Er braucht sich aber auch um den Ausspruch des Römers ebensowenig zu scheren wie um den des Amerikaners und kann Gesetze machen, die allem allgemein Geachteten Hohn sprechen. „Honi soit qui mal y pense" heißt der Leitspruch des exklusiven britischen Hosenbandordens, unter dessen Trägern sicher so manche sind, die an leidlichen und auch leidvollen Gesetzen mitwirkten. Der Rechthaber kann ein Förderer des gesetzlichen Schutzes der Menschenrechte sein, andererseits diesen Schutz auf mehr oder weniger schmutzige Art aus den Gesetzbüchern hinausbefördern. Zum Schutz des Lebens und zur Stärkung des Volkes kann er Abtreibung mit hohen Strafen belegen und zugleich all die mit dem Tode bestrafen, die sich ihm entgegensetzen, und auf diese Weise sein Volk reduzieren. Er kann dem weitverbreiteten Rechtsgrundsatz „pacta sunt servanda" absoluten Schutz angedeihen lassen, ihn aber auch durch Gesetze durchlöchern und womöglich abschaffen. Der gesetzgebende Rechthaber kann bei Verbrechen für schwere Strafen sorgen, Strafen aber auch derart reduzieren, daß sein Land zu einem wahren Eldorado für sozialethisch bedenkliche Handlungen wird. Er kann Untermenschen protegieren wie auch Übermenschen. Durch seine Gesetze kann er sich zum Herrn über Leben und Tod, Glück und Unglück nicht nur einzelner, sondern ganzer Gruppen und seines ganzen Volkes machen. Deren Lob, deren Empörung kümmern ihn wenig oder überhaupt nicht, denn seine Freiheit ist ja nur die, die er selbst meint. Allein auf deren Triumph und die Genugtuung, seinen Willen anderen gegenüber durchgesetzt zu haben, kommt es ihm an.

Seine schier unbegrenzte Freiheit erlaubt dem Rechthaber eine weitgehende Wahl dessen, was er gesetzlich festlegen will. Bei all den Richtungen, die er einschlagen mag, muß man sich davor hüten, zu richten, welches denn die richtige sei, jedenfalls vom Gesichtspunkt des reinen Liberalismus her. Man mag die freie Marktwirtschaft für einen properen Liberalismus halten, ob nun im Sinne von Adam Smith, der Manchester-Schule oder der von Wilhelm Röpke und Ludwig Erhard beeinflußten Neoliberalen. Man mag dies bezüglich der verschiedenen Sozialismen und ihren Schattierungen tun wie auch der unterschiedlichen Erscheinungsformen des Rechtsstaats. Sie alle, und viel anderes mehr, fließen aus dem Quell des Liberalismus an sich, von dem aus nichts gegen sie einzuwenden ist. Wie Mephisto neben Faust steht und in jedem Volk Gutes neben Bösem, ist das auch so in reichhaltigem Maße beim Liberalismus. Dessen Vielfalt läßt sich kaum ermessen, einfältig wie er trotz all seiner Einfälle vielen auch erschienen ist.[2]

---

[2] Daselbst, insbes. 47 - 63, sowie auch mein Buch: Liberale Demokratie, Berlin, 1992, 44 - 55.

## II. Rechthaberei beim Rechtsetzen

Wie der Liberale, kann der rechtsetzende Rechthaber an Hybris leiden und sich als Gott auf Erden sehen. Die Tatsache, daß das „divine right of kings" durch den Grundsatz „vox populi vox dei" abgelöst wurde, dürfte diese Einbildung noch bestärken. Die Worte in Schuberts Winterreise, „will kein Gott auf Erden sein, sind wir selber Götter", könnten Anfang des liberalen Jahrhunderts noch dahin ausgelegt werden, daß man sich angesichts übler Mitmenschen gottähnlicher verhalten müsse als sie, um in Demut vor Gott etwa den Worten aus Goethes 1783 veröffentlichten Gedicht „Das Göttliche" zu folgen, „edel sei der Mensch, hilfreich und gut." Aber die Umwandlung von Notre Dame in einen Tempel der Vernunft durch freiheitstrunkene Revolutionäre und Rechtsetzer gibt zu bedenken, ob das Singen von Schuberts Lied nicht vielleicht doch im Sinne menschlicher Hybris auszulegen wäre. Nachdem aber Kierkegaard vom Tode Gottes gesprochen hatte und Zarathustra rief, „lieber keinen Gott, lieber auf eigene Faust Schicksal machen, lieber Narr sein, lieber selber Gott sein", dürfte der Rechthaber immer weniger Hemmungen haben, sich in seinen gesetzgeberischen Unterfangen als (jedenfalls eine Art) Gott zu sehen. Da er nun aber ein Liberaler ist und sein Freiheitsdrang ein Vermögen zum Guten und zum Bösen, dürfte er, selbst wenn er von dem manchen Kirchen angekreideten Antiliberalismus nicht beeinflußt ist, sich auch als mächtigen Herrn dieser Welt fühlen und ohne Gewissensbisse an das denken, was Goethe, dessen Toleranz Thomas Mann nicht müde wurde zu betonen, in den „Sprüchen" schrieb:

> Ich kann mich nicht bereden lassen,
> Macht mir den Teufel nur nicht klein:
> Ein Kerl, den alle Menschen hassen,
> Der muß was sein!

Ja, der gesetzgebende Rechthaber ist schon was. Wenn ihn viele auch als Narren sehen, dürften sie doch wenig

Zweifel an seiner Macht hegen. Die aber läßt sie vielleicht an die bekannte Bemerkung eines großen Liberalen im Englischen, Liberalen Jahrhundert, Lord Acton, denken, Macht tendiere dahin, zu korrumpieren, und absolute Macht korrumpiere absolut.[3]

In meiner Arbeit über den reinen Liberalismus habe ich versucht, herauszuarbeiten, daß Liberale im Grunde egoistisch, egotistisch und egozentrisch sind, vor allem die Ausdehnung ihrer eigenen Freiheit im Sinn haben und die Sicherung derselben gegen andere. Das alles trifft in besonderem Maße auf rechtsetzende Rechthaber zu, wie es klar in dem englischen Wort „self-righteousness" zum Ausdruck kommt, dem der Gedanke des Ansichselbstdenkens auf der Stirn steht. Vielleicht ist es kein Zufall, daß ein solches Wort gerade in England entstand, in dem die als Liberalismus bekannt gewordene historische Bewegung mit Lord Coke, Locke, Blackstone und Adam Smith ihren Anfang nahm, so daß Großbritannien als Heimat des Liberalismus bekannt wurde, was nicht nur Marx zu schätzen wußte.

Die beim Neuerungen schaffenden Rechthaber offensichtliche Betonung des Selbst wird zunächst dadurch offenkundig, daß ihm primär daran zu liegen scheint, seinen gesetzgeberischen Willen durchzusetzen. Sein Unterfangen erscheint einmal als etwas Formales. Er will das Durchsetzen seines Willens der Form nach klarmachen, will zeigen, daß er wer ist, „that he can have his way." Das befriedigt sein Geltungsbedürfnis, das ihm nun einmal eigen ist, schmeichelt ihm, „makes him feel good." Dieses Formale ist zu unterscheiden vom materialen Inhalt seines gesetzgeberischen Programms. Nun ist gewiß selten nur zu erwarten, daß dieses Programm seinen materiellen Interessen entgegensteht. Das würde dem Wesen der Politik als eines

---

[3] An Bischof Creighton, Brief vom 5. April 1887, in John N. Figgis und Reginald V. Lawrence (Hrsg.), Historical Essays and Studies, London, 1907, 504.

Mittels, innerhalb einer Gemeinschaft von Menschen etwas für sich zu erreichen, widersprechen – und Gesetzgebung beruht auf Politik. In einer liberaldemokratischen Zeit wie der unseren läßt sich das mit einem Hinweis auf das liberaldemokratische Dogma leicht beweisen. Diesem Dogma liegt nämlich die Erwägung zugrunde, daß die vom Volke ausgehende Staatsgewalt („self-government", wobei das „self" ähnlich zu beachten ist wie in „self-righteousness"), daß die Regierung des Volkes eine durch das Volk für das Volk ist, wie Lincoln in seiner Rede in Gettysburg sagte; daß also dann, wenn das Volk sich selbst regiert, neben der formalen Genugtuung darüber, nun endlich seinen Willen haben zu können, auch materielle Vorteile für das Volk da sind. Und ganz gewiß beträchtliche, schon weil nicht anzunehmen ist, daß das Volk sich selbst unterdrückt und darben läßt. Was aber auf mehrere zutrifft, die auf rechthaberische Weise Gesetze machen, findet auch auf den einzelnen Anwendung, der Recht setzen will.

Das will nicht heißen, das Programm eines einzelnen Rechtshabers könnte nicht altruistische Züge haben. In der Tat erscheint es fraglich, ob im demokratischen Zeitalter ein Führer ohne ein Programm wie „Gemeinnutz geht vor Eigennutz" noch denkbar ist. Zwar sind rechthaberischer Programmatik kaum Grenzen gesetzt. So etwa alles – Gutes, Böses, Schönes, Häßliches usw., usf. – kann in ihr geplant und hervorgehoben werden, auch Egoistisches. Aber in der liberalen Demokratie, die sich, ihrem eigentlichen Wesen entsprechend, seit der von Ortega y Gasset beschriebenen Rebellion der Massen unentwegt zu einer liberalistischen Massendemokratie entwickelte, wie sie vielleicht nicht einmal de Tocqueville voraussehen mochte, wird die Betonung wohl eher auf dem Gemeinnutz als dem Eigennutz liegen. Ein Führer dürfte sich hüten, seinen privaten Nutzen über den der Öffentlichkeit zu setzen, ob er nun letzteren tatsächlich will oder ihn mit züngeliger Zunge propagiert. Sein Opportunismus und die aus ihm erwachsene Schläue könnten ihn sogar den Eindruck erwecken lasen, daß er sich selbstlos für die Gemeinschaft opfern würde. Meist wird es allerdings anders sein. Mit einer Eskalierung des Prinzips „Gemeinnutz geht vor Eigennutz" zu dem Imperativ „Du bist nichts, dein Volk ist alles" könnte sogar das höchste Opfer von den einzelnen verlangt werden. Die Frontsoldaten in Erich Maria Remarques bekanntem Kriegsroman „Im Westen nichts Neues" reagierten auf ein solches Verlangen auf ihre Weise. Es wäre doch vorzuziehen, so sagten sie sich, wenn sie von einer Zuschauertribüne aus beobachten könnten, wie der Krieg vor ihren Augen im Kampfe zwischen den feindlichen Regierungen entschieden wird. An der Front kämpfende Regierende, ja Souveräne wie Gustav Adolf, Friedrich der Große und Hussein von Jordanien sind rar geworden.[4] Andererseits sollte bedacht werden, daß im Falle eines „self-government", jedenfalls dann, wenn das Volk nicht unter Druck gesetzt und verführt wurde von seinen Führern und sich von einem Kriege selbst Vorteile verspricht, nicht einzusehen ist, weshalb es nicht auch die Last des von ihm gewünschten Krieges tragen sollte.

Wenn vorangehend schlechthin vom Rechthaber gesprochen wurde, darf doch nicht übersehen werden, daß es Rechthaber verschiedenster Art gibt. Die können ihren gesetzgeberischen Willen nicht nur wie ein Diktator ausüben,

---

[4] Gustaf Adolf fiel in der Schlacht bei Lützen. Bei der Gedenkausstellung im Charlottenburger Schloß 200 Jahre nach dem Tod des Preußenkönigs beeindruckte mich dessen Rock, der den Einschuß einer Kugel zeigte, die auf die Schnupfdose des Königs prallte. Daneben stand, daß er in dieser Schlacht das Pferd wechselte, nachdem das, auf dem er ritt, unter ihm weggeschossen wurde, und er der Bitte seines Adjutanten, sich doch zurückzuziehen, nicht folgte. Daneben konnte man in den Aufzeichnungen eines Soldaten lesen: „Der König immer vorn." König Hussein entschuldigte sich nach tagelangem Gefecht wegen seines ungepflegten Aussehens: er habe eben angestrengt an der Front gekämpft.

## II. Rechthaberei beim Rechtsetzen

der nach dem Prinzip des Hobbes, „auctoritas non veritas facit legem" verfährt, vielleicht gar nach dem Grundsatz „potestas non veritas facit legem" oder eigenwillig nach dem dem Sonnenkönig zugeschriebenen Ausspruch „l'Etat c'est moi." Jedoch können selbst theistische Monarchen sich von Bodin, wohl dem bekanntesten der „politiques", beeinflussen lassen. Dieser Advokat der Souveränität des Monarchen machte nämlich in seinen Sechs Büchern der Republik (1579) klar, auch der König müsse gewohnheitsrechtliche Bräuche seines Landes beachten – ein Gedanke, dessen vermeintliche Negierung bereits 1215 zur Unterzeichnung der Magna Carta Libertatum führte. Der moderne Diktator findet sich am Ende des Spektrums rechtsetzender Monarchen. Da er im Gegensatz zu denen im Zeitalter des Absolutismus oft die Mehrheit des Volkes hinter sich weiß oder sie jedenfalls nicht zu fürchten braucht, kann er sich grundsätzlich leisten, ein übereifriger, sich ereifernder Gesetzgeber zu sein, obwohl stets zu bedenken ist, daß auch der Totalitarismus sich dem absoluten Durchdringen aller Sphären des Lebens jeweils nur nähern kann. Hitler selbst hat das ja in seinen letzten Tagen zugegeben.

Rechthaber können vieles wollen. Sie können auch vieles sein. Nicht allein Individuen können Recht setzen. Auch Gruppen können es. Und obgleich beachtet werden sollte, daß Gruppen aus einzelnen bestehen und in ihnen einzelne tätig werden, selbst wenn sie unter dem Einfluß anderer stehen, ist doch offenbar, daß in liberalen Demokratien mit ihrem Pluralismus und Parlamentarismus die Gesetzgebung oft von Gruppen praktiziert wird. Die Macht der in der Legislatur vertretenen Parteien und ihrer Führer zeigt sich besonders dann, wenn Abgeordnete so stimmen müssen, wie es ihre Parteiführung vorschreibt.[5] Aber selbst in

---

[5] Das ist auf dem europäischen Festland meist der Fall, wodurch Verfassungsbestimmungen, nach denen Abgeordnete nur ihrem Gewissen unterworfen sind, hypokritisch erscheinen müssen. Bekannte Ausführungen ge-

Ländern ohne Parteizwang wie Großbritannien und den Vereinigten Staaten kann man in den Recht setzenden Mehrheiten Rechthabergruppen sehen, welche ihren Willen anderen aufzwingen. Auch hier sind, wie bei monarchischen Gesetzgebern, verschiedene Grade des Aufzwingens möglich, da es maßvolle und maßlose Majoritäten gibt.

Inhaltlich verschiedene Grade gesetzgeberischer Rechthaberei werden durch prozedurelle Auswahlmöglichkeiten begünstigt. Rechtsetzende, die in der Durchsetzung ihres Willens Befreiung sehen, sind innerhalb einer Gemeinschaft Politiker, die unter ihren Mitmenschen etwas für sich erreichen wollen. Da nun Liberale egoistisch, egotistisch und egozentrisch sind, und zwar letzten Endes ohne Rücksicht auf andere, erscheint der liberale Politiker oft als ein Rechthaber, der die Polis nicht mehr als etwas sieht, für deren Wohl er da ist, sondern als etwas, das seinem eigenen Vorteil zu dienen hat. Hegels Gedanke vom Aufgehen des Individuums im Staat, jener „Wirklichkeit der sittlichen Idee" und „der konkreten Freiheit", dessen Einrichtungen „eine Garantie des öffentlichen Wohls und der vernünftigen Freiheit" sind („Philosophie des Rechts", §§ 257, 260, 301), wird vom liberalen Politiker an sich verneint. Diesem wird der Staat und seine Gemeinschaft von Menschen letztlich zum bloßen Objekt, in dem er etwas für sich selbst erreichen will ohne Rücksicht auf Verluste, die andere sowie der

---

gen das imperative Mandat in Edmund Burkes Rede an die Wähler in Bristol, in Works, Boston, 1839, II, 12 ff., sowie in James Madisons Essay 10 des Federalist. Carl J. Friedrich, Constitutional Government und Democracy; Theory and Practice in Europe and America, Boston, 1950, 265 f., hält deren Ansichten für wenig realistisch. Als ich 1952 in Harvard studierte, sah ich auf Wahlplakaten für John F. Kennedy die Inschrift „He will do more for Massachusetts" (als sein Gegenkandidat Henry Cabot Lodge, dem man vorwarf, er kümmere sich eher um nationale Belange als um die seines Heimatstaates, obwohl ihm als U. S. Senator ersteres theoretisch primär oblag). Kennedy gewann die Wahl. Als er dann Präsident war, sagten die Wahlplakate für seinen Bruder Edward, „He can do more for Massachusetts" (weil sein Bruder im Weißen Haus war!). Auch er gewann die Wahl.

## II. Rechthaberei beim Rechtsetzen 39

Staat dadurch erleiden mögen – trotz aller Lippenbekenntnisse, zu deren Wohl zu handeln. Ist Hegels Behauptung, die Menschheit dränge zur Freiheit, wahr, dürfte es in einer Polis immer mehr Politiker geben, die in ihrem Streben nach immer mehr Freiheit immer mehr für sich allein erreichen wollen und sich dabei immer weniger hemmen lassen von dem Gedanken, daß der Staat die sittliche Idee verkörpert. Bei ihrer Gesetzesmacherei könnten dann vernünftige Erwägungen durchaus eine Rolle spielen. Aber es kann auch sein, daß, wie Fichte in seiner Vorlesung über die Verschiedenheit der Stände in der Gesellschaft bemerkte, die „Willkür der Natur" die Oberhand gewinnt. In beiden Fällen dürften die Rechthaber von einer eher künstlichen Selbstzucht in die eher natürliche Selbstsucht fallen, wie es ihnen jeweils gerade gefallen mag.

Die ihnen zur Verfügung stehende prozedurelle Auswahl hat ein ähnlich weites Spektrum wie die Materie dessen, was sie zum Gesetz machen wollen. Sie können sich einmal die Freund / Feind-These zu eigen machen und sich all die unterwerfen wollen, die sich ihren gesetzgeberischen Plänen entgegenstellen. Aber mit Ausnahme einer Einparteiregierung unter dem Führerprinzip oder der absoluten Mehrheit einer Partei dürfte das schwierig sein. Selbst im zweiten Falle wird es innerhalb dieser Partei manchmal nicht leicht sein, die Mehrheit, die ja immer aus einzelnen besteht, ohne Kompromisse zusammenzuhalten. Um so mehr werden Kompromisse notwendig sein, falls Koalitionen zwischen Parteien gebildet werden müssen, um Gesetzesvorlagen durchzubringen. Da gibt es dann die dem Parlamentarismus eigenen Kuhhandel und Schliche.

Man hat gefragt, welche Methode der Gesetzgebung vorzuziehen sei. Auf den ersten Blick scheint eine Freund / Feind-Konstellation Vorteile zu bieten. Sie zeigt klare Linien. Im idealen Falle gibt es keine Schliche bei der Rechtsetzung, keinen Kuhhandel, kein „log rolling", die alle schon vom Namen her präzise Entscheidungen ausschließen. Unter der Freund / Feind-These kann der Rechthaber sein gesetzgeberisches Programm strikt und offen durchsetzen, jedenfalls nach außen hin. Ohne Zweifel ist das Gesetz da. Es wird nicht infolge von „traveaux préparatoires", die ein Hin und Her bei seinem Zustandekommen an den Tag legen, kompromittiert. Das zeigt sich besonders im Ausnahmezustand, von dem behauptet wurde, seine Beherrschung mache deutlich, wer souverän ist.[6] Selbst in ihm hat sich jedoch gezeigt, daß keineswegs immer eine kompromißlose Haltung des Regierenden vorliegt. Man denke nur an Lincoln in den ersten Monaten des Bürgerkrieges, an die „Diktatur" des Reichspräsidenten unter Art. 48 der Weimarer Reichsverfassung. In normalen Zeiten wird es noch deutlicher, daß die Phalanx der Freunde gegenüber ihren Feinden nicht stets so geschlossen und unverbrüchlich ist, wie es oft angenommen wird.

In liberalen Demokratien neigt man allgemein dahin, bei der Gesetzgebung Kompromisse zu bevorzugen. Ein bekanntes Beispiel hierfür ist die amerikanische Bundesverfassung. Sie wurde nach verschiedenen Kompromissen in der verfassunggebenden Versammlung von Philadelphia als „Bündel von Kompromissen" bekannt, und James Madison, der als ihr Vater angesehen wird, als „great compromiser".[7] Kompromisse dauern ihre Zeit. Man sieht ihren Vorteil einmal darin, daß sie das Gesetzgebungsverfahren verlangsamen. Wenn sie es auch oft verfahren, hält man doch daran fest, daß Gesetze, die ja schließlich die Lebensweise der Menschen bestimmen sollen, reichlich und reiflich überlegt werden müssen. Man handelt nach dem Grundsatz

---

[6] Carl Schmitt, Politische Theologie – Vier Kapitel zur Lehre von der Souveränität, 4. Aufl., Berlin, 1985, 11: „Souverän ist, wer über den Ausnahmezustand entscheidet."

[7] Vgl. mein Buch: Amerikanische Demokratie – Wesen des praktischen Liberalismus, München, 1988, 156 - 63.

„was lange währt, wird gut." Daher der liberalen Demokratien eigene lange Weg der Gesetzgebung, oft von der Initiative zur Ersten und Zweiten Kammer mit all ihren Komitees und deren verzögernden Praktiken, zum Referendum und endlich zur Promulgation reichend. Nach vielen Überlegungen und Debatten wird dann auf dem Wege des Kompromisses ein gewisser Konsens erreicht und in dieser Einigung ein Vorteil erblickt, der die Gegenüberstellung von Freunden und Feinden abzuschwächen geeignet ist und so, wie man hofft, dem Gemeinwohl der „respublica" dient.

Die Frage nach der besten Methodik der Gesetzgebung ist nicht leicht zu lösen. Ihre Antwort hängt von den jeweils existierenden Umständen ab, wie es schon von Bodin und Montesquieu betont wurde, als sie die Relevanz der verschiedenen Faktoren, die menschliches Dasein bestimmen, hervorhoben. Eine Beantwortung erscheint im Rahmen dieser Abhandlung auch nicht notwendig, weil hier ja lediglich die These vertreten wird, daß Recht auf Rechthaberei beruht. Ähnliches trifft auf den materialen Inhalt von Gesetzen zu. Auch der ist für die Behauptung, Rechthaberei sei die Wurzel des Rechtsbegriffs, der Urgrund des Rechts, nicht weiter relevant. So kann man sowohl vom Prozedurellen als auch vom Inhaltlichen her die Richtigkeit meiner These kaum bezweifeln. Dennoch soll zu ihrer weiteren Untermauerung nun noch weiter gezeigt werden, daß sie bei allen Arten des Rechtsetzens offenbar ist.

## III.

Alle Arten des Rechtsetzens haben mit ihrem Anwachsen bei steigender Bevölkerung im einzelnen jeweils immer mehr Rechthabereien veranlaßt.

Trotz großer Autoren über das Sein wie Platon, Kant, Schopenhauer und Heidegger hat es Menschen gefallen, sich am Wesen des Werdens und Gewordenen zu ergötzen und sich ihm gefangen zu geben. Auf sie könnte man die Worte Rousseaus am Anfang seines bekanntesten Buches anwenden, der Mensch sei frei geboren, aber überall in Ketten. Menschen sind an Gegenwärtiges und dessen Nähe gebunden. Die Tücke der Nähe, der sie unterliegen, geht weiter als die von Jacob Burckhardt im Hinblick auf geschichtliche Ereignisse herausgestellte. Einzelne sind überhaupt insofern gefesselt, als sie dazu neigen, eher das ihnen offenbar Erscheinende zu sehen, weniger dagegen dessen Quell, das Erscheinende Gebärende, es Offenbarende, das Ding an sich, von dem das ihnen Offensichtliche lediglich eine partielle Realisierung darstellt.

Kant, als Befreier bekannt, hatte über die Freiheit so manche Zweifel. Er sprach von „wilder Freiheit", kritisierte „brutale Freiheit", „gesetzlose Freiheit", „barbarische Freiheit", „tolle Freiheit", beklagte sich des „so verworrenen Spiels menschlicher Dinge" bei einer „regellosen Freiheit" und schrieb „mit tiefer Verachtung" über die „Anhänglichkeit der Wilden an ihre grenzenlose Freiheit." Diese Arten der Freiheit erschienen ihm als „Rohigkeit, Ungeschliffenheit und viehische Abwürdigung der Menschheit."[1] Offenbar scheute sich der Königsberger, der die Lü-

---

[1] Siehe Idee zu einer allgemeinen Geschichte in weltbürgerlicher Absicht (1784); Was heißt: Sich im Denken orientieren? (1786); Die Religion inner-

ge als schlimmstes aller Übel bezeichnete, die Freiheit als Ding an sich, das u. a. all die von ihm verurteilten Arten der Freiheit hervorbringen konnte, als reine Freiheit zu bezeichnen. Mit Hegel war es nicht anders. In seinem Aufsatz über Schopenhauer bemängelt Thomas Mann, Hegel habe seinen Studenten zugerufen: „Meine Herren, ich kann wohl sagen: Ich rede nicht nur die Wahrheit, ich *bin* die Wahrheit." Er sprach nicht nur billigend von einer sittlichen „konkreten Freiheit", einer „vernünftigen Freiheit", sondern auch verurteilend von der „Freiheit ... zu *tun, was man will*", in der er eine „direkte Aufforderung zum Diebstahl, Mord, Aufruhr usf." sah (Philosophie des Rechts, § 319). Eine derartige Vorstellung der Freiheit, steht dort in Paragraph 15, könne nur für einen „gänzlichen Mangel an Bildung des Gedankens genommen werden, in welcher sich von dem, was der an und für sich freie Wille, Recht, Sittlichkeit usf. ist, noch keine Ahnung findet." Er dürfte wohl eine Ahnung gehabt haben von der Freiheit an sich als dem Urquell all der genannten Erscheinungen, aber er getraute sich offenbar nicht, bei seiner sittlichen Beflissenheit das Kind beim Namen zu nennen und von reiner Freiheit zu sprechen, die, wie sein Tübinger Studienfreund Schelling schrieb, nun einmal sowohl ein Vermögen des Bösen als auch des Guten ist.

Beim Recht findet man bei den beiden Rechtsphilosophen eine ähnliche Zurückhaltung. Von einem von ethischen, moralischen, sittlichen und anderen freien und daher reinen Recht sprechen sie nicht. Auch der Positivist Jellinek, Sohn eines bekannten Geistlichen, scheute sich davor, als er das Recht als ethisches Minimum bezeichnete. Der

---

halb der Grenzen der bloßen Vernunft (1793); Über den Gemeinspruch: Das mag in der Theorie richtig sein, taugt aber nicht für die Praxis (1793); Zum ewigen Frieden (1795); Metaphysische Anfangsgründe der Rechtslehre (1797); in Werke, VIII, 22, 24, 25, 26, 30; VIII, 145; VI, 97; VIII, 301, 302, 306; VIII, 354, 367; VI, 27, 97; VI, 307, 316.

## III. Wachsen des Rechtsetzens und dessen Rechthabereien

Gedanke des reinen Rechts taucht erst auf in der Reinen Rechtslehre Hans Kelsens, eines Schülers von Jellinek. Für ihn kommt es nicht auf den Inhalt von Rechtsnormen an, sondern allein auf deren Gültigkeit und Durchsetzbarkeit. Lag letztere vor, war für ihn alles Rechtsstaat, denn er sah jedwedes Unrecht des Staates als einen Widerspruch in sich selbst.[2]

Die Reine Rechtslehre bestätigt, daß der materiale Inhalt von Gesetzen irrelevant ist für die These, Recht beruhe auf rechtsetzender Rechthaberei. Da diese Lehre nun lediglich die auf solcher Rechthaberei beruhenden Normen als Recht ansieht, bleibt sie im rechtsetzenden Rechthaben befangen. Infolge des Kriteriums der staatlichen Sanktion wird die Regierung des Staates zur conditio sine qua non für Kelsens reines Recht. Dessen Wert- oder Qualitätsfreiheit, seine Reinheit, gründet sich darauf, daß es gleichgültig ist, welchen Inhalt es hat. Es ist Recht allein deshalb, weil es durchsetzbar ist und die, denen es zugedacht ist, es nicht in Zweifel ziehen dürfen. (Daß es dennoch bestimmte Quali-

---

[2] Hauptprobleme der Staatsrechtslehre, Tübingen, 1911, 249: „Ein Unrecht des Staates muß unter allen Umständen ein Widerspruch in sich selbst sein." Allgemeine Staatslehre, Berlin, 1925, 335 f.: „Vollends sinnlos ist die Behauptung, daß in der Despotie keine Rechtsordnung bestehe, sondern Willkür des Despoten herrsche ... Der despotisch regierte Staat [stellt auch] irgendeine Ordnung menschlichen Verhaltens dar ... Diese Ordnung ist eben die Rechtsordnung. Ihr den Charakter des Rechts absprechen, ist nur eine naturrechtliche Naivität oder Überhebung ... Was als Willkür gedeutet wird, ist nur die rechtliche Möglichkeit des Autokraten, jede Entscheidung an sich zu ziehen, die Tätigkeit der untergeordneten Organe bedingungslos zu bestimmen und einmal gesetzte Normen jederzeit mit allgemeiner oder nur besonderer Geltung aufzuheben oder abzuändern. Ein solcher Zustand ist ein Rechtszustand, auch wenn er als nachteilig empfunden wird. Doch hat er auch seine guten Seiten. Der im modernen Rechtsstaat gar nicht seltene Ruf nach Diktatur zeigt dies ganz deutlich." Siehe auch 44, 109. Selbst nach dem Dritten Reich änderte Kelsen, ein Opfer der Rassengesetze dieses Reiches, seine Ansicht nicht. Foundations of Democracy, in Ethics, LXVI (1955), 100. Vgl. Hermann Klenner, Rechtsleere – Verurteilung der Reinen Rechtslehre, Berlin, 1972.

täten hat, steht außer Frage, da es ja die Ansichten derjenigen reflektiert, die es machen.)

Die Reine Rechtslehre, wie sie zum reinen Recht hingeht, hat dennoch eine Lücke. Sie bedenkt nicht die Rechthaberei, die zweifellos schon *vor* der rechtsetzenden existiert. Denn bevor rechthaberische Gedanken zum Gesetz werden können, müssen sie erst einmal vorhanden sein. Rechthaberei geht also der Rechtsetzerei voran und daher auch dem staatlich sanktionierten Recht. Und wie Rechthaberei eine Voraussetzung ist für die Rechtsetzerei, so setzt staatlich sanktioniertes Recht Rechthaberei voraus. Rechthaberei, die noch nicht ans Rechtsetzen denkt, erscheint demnach als Urgrund des Rechts. Sie ging wohl zuerst aus vom vorstaatlichen, im Naturzustand lebenden Individuum, urgründiges, primäres, originales Rechthaben zeigend. Infolge ihrer Ursprünglichkeit könnte sie, naiv wie sie sein dürfte bei ihrem Ursprünglichen, vielleicht als ethisch reiner angesehen werden als Kelsens Recht. Wir könnten dabei an die Rheintöchter und deren Haben des Rheingoldes, des reinen Goldes in Wagners Ring denken.

Man kann leicht beweisen, daß ursprünglich existierende, natürliche individuelle Rechthaberei die Wurzel des Rechts ist. In amerikanischen Rechtsschulen sind bis heute die grundlegenden Kurse die über Eigentum und Vertrag. Das zeigt nicht nur die Wichtigkeit dieser Institutionen für das Rechtsleben durch die Zeiten hindurch. Die Tatsache, daß sie so lange als grundlegend angesehen wurden, weist in eine weit zurückliegende Zeit, deren Beginn schwer festzustellen ist. Sie deutet in eine vor Gemeinschaften vorhandene Vorzeit. Damit aber ist angedeutet, daß Eigentum und Vertrag zu den ersten Rechtsinstituten gehören, wenn es nicht gar die ersten sind. Rousseau wies darauf im Blick auf das Eigentum hin.[3] Und es dürfte kein Zweifel darüber be-

---

[3] Im 1755 veröffentlichten Discours sur l'origine et les fondements de l'inégalité parmi les hommes heißt es im zweiten Teil: „Le premier qui ayant

stehen, daß dann, wenn jemand im Naturzustand sich etwas aneignet und ein anderer es ihm wegnimmt, er sein Recht an der Sache verteidigen wird. Selbst, wenn er sich gegen die Wegnahme erfolglos wehrt, wird er weiter versuchen, durch Behaupten seines Rechts an der Sache, durch Rechthaberei zu seinem Recht zu kommen. Das Recht und seine Behauptung durch Rechthaberei ist also schon vor der Gemeinschaft da und, a fortiori, vor dem Staate. Ähnlich ist es, wenn im Naturzustand zwei Menschen einen Vertrag schließen, nach dem jeder ein Recht auf Erfüllung hat. Auch hier würde der Vertragsbrecher seinem Vertragspartner dessen Recht durch den Vertragsbruch nicht nehmen. Der Geschädigte kann sein Rechthaben durch Rechthaberei geltend machen, bis er wieder zu seinem Rechte kommt.[4]

---

enclos un terrain s'avisa de dire, *Ceçi est à moi*, et trouva des gens assez simples pour le croire, fut le vrai fondateur de la société civile." C. H. Vaughan (Hrsg.), The Political Writings of Jean Jacques Rousseau, Cambridge, 1915, I, 169.

[4] Die Bedeutung des Vertrages als Demonstration friedlichen Vertragens ist ebensowenig zu übersehen wie die der Vertragstreue zur Aufrechterhaltung des Friedens. Aus diesem Grunde wurde das Ungemach der Ver(trags)brecherei der Verbrecherei verglichen. Das in dem Satz „pacta sunt servanda" ausgedrückte Rechtsprinzip ist eins der Gerechtigkeit und des Friedens, eines gerechten Friedens, einer friedlichen Gerechtigkeit. Im Gebäude der Organization of American States in Washington steht eine Büste des Rechtsgelehrten der Schule von Salamanca, Francisco de Vitoria (1486 - 1546), unter der seine Worte eingemeißelt sind, „pacta uno libremente, pero se obliga al pacto." Vertragstreue hat sich lange allgemeiner Anerkennung erfreut. Der Respekt vor ihr führte zur „contract clause" der amerikanischen Bundesverfassung (Art. I, 10.1): „No State shall ... pass any ... law impairing the obligation of contracts." Hiermit sollte dem Despotismus vorgebeugt werden. Das entspricht dem Satz Jherings, a. a. O., 76: „Mit Eingriffen in das Privatrecht, mit der Rechtlosigkeit des Individuums hat jeder Despotismus begonnen." Vgl. dessen Culpa in contrahendo, Jahrbuch für Dogmatik, IV (1861), 1, hierzu Uwe Diederichsen, Jherings Rechtsinstitute im deutschen Privatrecht der Gegenwart, in Okko Behrends (Hrsg.), Privatrecht heute und Jherings evolutionäres Rechtsdenken, Köln, 1993, 68 ff. Dionisio Anzilotti sieht in „pacta sunt servanda" wohl das bedeutendste Rechtsprinzip überhaupt. Lehrbuch des Völkerrechts, Berlin, 129, 32 f., 50, 64.

### III. Wachsen des Rechtsetzens und dessen Rechthabereien 47

In seinem Kampf ums Recht wird das Individuum politisch tätig, denn jeder Kampf ums Recht ist etwas Politisches, weil in ihm ja anderen gegenüber etwas erreicht werden soll.[5] Dabei spielt es keine Rolle, ob es schon so etwas wie eine Polis gibt. Carl Schmitt fragte 1963 im Vorwort seiner bekannten Studie über den Begriff des Politischen, wer denn eine so abstrakt formulierte These verstehen soll, wie sie der erste Satz dieser Studie enthält: „Der Begriff des Staates setzt den Begriff des Politischen voraus." Sie kann dahin verstanden werden, daß Politisches Staatlichem vorausgeht, denn die Polis hat nicht die Politik geschaffen, sondern die Politik die Polis, wie sehr der Ausdruck „Politik" auch von der Polis herkommen mag und Politik innerhalb derselben betrieben wird. Die französischen „politiques" mochten noch so geschäftig innerhalb des Landes agieren: sie wollten vor allem ein neues Staatswesen schaffen mit einem souveränen König. Auch im Naturzustand Lebende entschlossen sich, diesen unsicheren Zustand, den Hobbes als einen „bellum omnium contra omnes" bezeichnete, zu verlassen, und Lockes Hinweis auf moralische Gesetze in demselben änderte daran nichts. Sie handelten aus politischen Gründen, weil sie ja für sich etwas erreichen wollten. Jeder wollte nicht mehr sein Recht selbst sichern müssen, sondern es mit Hilfe staatlicher Gewalt genießen, wenn auch unter Aufgabe persönlicher Freiheiten zugunsten einer Freiheit, die Montesquieu als Freiheit unter dem Gesetz beschrieb.[6] Wir wollen nun sehen, wie Rechthaber daran gingen, Recht zu setzen.

---

[5] Siehe mein Buch: Politik – Wissenschaft, Berlin, 1989. Zum Begriff des politischen Rechts, Pablo Lucas Verdú, Introducción al derecho politico, Barcelona, 1958 und sein 4-bändiges Werk, Curso de derecho politico, Madrid, 1972 - 84.

[6] Vom Geist der Gesetze, Buch XI, 3. Da nun auch die Gesetze einer Gesellschaft politisch motiviert sind, weil ja Gesetzgeber durch sie etwas für sich unter anderen erreichen wollen, unterscheidet sich der von Montesquieu gepriesene Verfassungsstaat Englands, was das Politische innerhalb

## III. Wachsen des Rechtsetzens und dessen Rechthabereien

Es soll zunächst untersucht werden, wie dies der Form nach geschah. Dabei ist von vornherein zu betonen, daß alle Prozeduren des Rechtsetzens Rechthabereien voraussetzen, die lediglich in Rechtsnormen umgesetzt werden. Wir betrachten zunächst die wohl bekanntesten Rechtsetzungsverfahren, das historischer Evolution und das durch Verabschiedung spezifischer Gesetzgeber.

Bei ersterem denkt man sogleich an das Beispiel Englands, ein Land, das bis heute ohne ein eigentliches, zu einer bestimmten Zeit geschaffenes konkretes Verfassungsdokument geblieben ist. Sein Rechtssystem ist ein Gemisch verschiedenster Bestimmungen, ob sie nun aus richterlichen Entscheidungen, hin und wieder auftauchenden bekannten Dokumenten oder der Masse der vom Parlament verabschiedeten Gesetze hervorgehen. Sie alle kamen mit der Zeit zustande und trugen allmählich zu einer Erweiterung des Gewohnheitsrechts des Common law bei. Henry Maine pries dieses Recht 1861 in „Ancient Law", hundert Jahre später tat dies Friedrich August von Hayek in „The Constitution of Liberty" und „Law, Legislation and Liberty".[7] Die beiden letzten Titel heben hervor, was Maine im

---

dieses Staates angeht, wenig nur von der griechischen Polis. Letzten Endes war auch das Verhalten der Griechen in der Polis vom Egoismus motiviert, wie sehr auch deren Opferfreudigkeit für die Polis betont werden mochte. Zum Begriff der Isonomia, vgl. F. A. Hayek, The Constitution of Liberty, Chicago, 1960, 164 ff.

[7] Es fiel mir auf, daß Hayeks The Road to Selfdom, Chicago, 1944, eher polemisch „To the Socialists of all Parties" gerichtet ist. Als ich ihn fragte, ob denn die Worte „To the unknown civilization that is growing in America", die er seiner Constitution of Liberty voranstellte, auch polemisch an das Unbekannte adressiert sind, was sich da im Lande der Freien so alles entwickeln würde, sagte der eben gekürte Nobelpreisträger, ohne offenbar darauf eingehen zu wollen, etwas ausweichend: „That thought crossed my mind!" Dem ersten Band von Law, Legislation und Liberty, 3 Bände, Chicago, 1973 - 79, stellt Hayek voran: „Intelligent beings may have laws of their own making; but they also have some which they never made. (Montesquieu, De l'Esprit des lois, I, p. i.)" Das ändert nichts an der Tatsache, daß die Gesetze, die sie niemals machten, früher einmal von anderen gemacht

## III. Wachsen des Rechtsetzens und dessen Rechthabereien 49

liberalen 19. Jahrhundert noch unterstellte, nämlich, daß langsam gewachsenes Recht geeignet ist, die Freiheit der einzelnen zu schützen.

Das aber darf nicht darüber hinwegtäuschen, daß auch bei der allmählichen Entwicklung des Rechts Rechthaberei am Werke war. Sieht man sich die Entwicklung des „case law" an, drängt sich die Frage auf, ob denn nicht jede Entscheidung eines konkreten Falles ein Anerkenntnis der Rechthaberei derjenigen Partei ist, die ihr Recht erfolgreich behauptet, ob es sich nun um ein Urteil handelt, das einem Präzedenzfall folgt oder einen solchen neu setzt. Als man schließlich das Common law durch das der Equity ergänzte, lief das auf nichts anderes hinaus als die Erlaubnis einer neuen Art von Rechthaberei. Und was waren im öffentlichen Recht die Eide, die Könige bei ihrer Krönung schwuren, die „coronation oaths", wenn nicht königliche Rechthabereien, ob sie nun nach feudalen Arrangements rechthaberische Ansprüche der Vasallen berücksichtigten oder nicht? Auch die „diffidatio" der Magna Charta zeigt, daß König Johann Zugeständnisse an die Rechtsbehauptung der Barone machte, also deren Rechthabereien Rechnung trug. Vierhundert Jahre später standen sich dann Edward Coke als Repräsentant des Parlaments und der Stuart Jakob I. als Vertreter des „divine right of kings" rechthaberisch gegenüber. James, in dem Carl Schmitt das Vorbild für Shakespeares Hamlet erblickte,[8] nötigte 1608 einen sich entschuldigenden, gedemütigten Coke dazu, ihn auf allen Vieren um Verzeihung zu bitten wegen seiner Behauptung, der König sei dem Common law unterworfen – „the common law protecteth the king." „That is a traitorous

---

wurden, daß Menschen also hier wie dort rechthaberisch am Werke waren. Vgl. Winfried Brugger, Gesetz, Recht, Gerechtigkeit, in Juristen Zeitung, XLIV (1989), 1, 61.

[8] Hamlet oder Hekuba – Der Einbruch der Zeit in das Spiel, Düsseldorf / Köln, 1956.

speech", bedeutete ihm der Monarch, „the King protecteth the law, not the law the King. The King maketh judges and bishops." Eine klare Unterscheidung gegensätzlicher Ansichten, die beide glaubten, Recht zu haben. Sie wurde acht Jahre später noch ergänzt und erhärtet bei einem Streit darüber, ob der König einem Prozeß Einhalt gebieten dürfe, den er mit seiner Prärogative unvereinbar erachtete. Unter der Führung Cokes, dem Lord Chief Justice of the King's Bench, hatten die Richter ein derartiges Verhalten des Monarchen für rechtswidrig erklärt. Jakob I. entgegnete, er habe zwar das englische Recht nicht studiert, wisse aber wohl, was er als König darüber zu wissen habe. Deshalb könne er aufgrund seiner natürlichen Vernunft die Gesetze des Landes wohl interpretieren. Coke bezweifelte das. Dem „natural reason" des Monarchen stellte er den „artificial reason of the law" entgegen, die künstliche Vernunft des Gesetzes, des Rechts – unter „law" kann man beides verstehen –, eine Ansammlung all dessen, was Juristen mit ihrer natürlichen Vernunft durch die Jahrhunderte hindurch für rechtmäßig erachteten,[9] was also seit langem als englisches Recht geachtet wurde.

Cokes Ansicht spiegelte sich in der „Petition of Right" von 1628 und, nach der Englischen Revolution, in der „Bill of Rights" von 1689, die den letzten Stuart, Jakob II., beschuldigt, ohne Zustimmung des Parlaments despotisch regiert zu haben. Lockes Zweite Abhandlung über das Regierungswesen, die als Verteidigung der Glorreichen Revolution angesehen wurde, macht diese Ansicht offenbar, ähnlich wie die Kommentare William Blackstones eine Generation später. Obgleich Locke der legislativen Gewalt den Vorrang vor den anderen Regierungszweigen gab, legt er ihr auf, Leben, Freiheit und Eigentum der einzelnen zu schützen. Und obwohl Blackstone die Souveränität des Parlaments

---

[9] Siehe Friedrich, a. a. O., 105.

III. Wachsen des Rechtsetzens und dessen Rechthabereien 51

betonte, machte er doch klar, daß diese durch die traditionellen „rights of Englishmen" eingeschränkt sei und Rechte, wie sie im Laufe der Zeit gewohnheitsrechtlich festgelegt wurden, zu schützen seien.[10]

Auf dieses Recht beriefen sich auch die Bewohner der dreizehn amerikanischen Kolonien Englands in ihrer Auseinandersetzung mit dem Parlament, dessen Gesetze sie als unterdrückend empfanden, zumal sie in ihm nicht vertreten waren. Infolge der Trennung vom Mutterland sprach dann die Unabhängigkeitserklärung von 1776, die den Einfluß von Locke und Blackstone zeigte, nicht mehr von den Rechten der Engländer. Die wurden nun als Menschenrechte schlechthin deklariert, wenn es heißt, alle Menschen seien gleich geschaffen und von ihrem Schöpfer mit gewissen unveräußerlichen Rechten ausgestattet. Sie wurden in den Grundrechtskatalogen der einzelnen Staaten hervorgehoben, wie auch in der Bundesverfassung von 1789. Letztere wurde von William E. Gladstone, dem Grand Old Man der englischen Liberalen, gepriesen als „the most wonderful work ever struck off at a given time by the hand and purpose of man."[11] Dabei bestand in der Verfassunggebenden Versammlung von Philadelphia sowie auch bei den Beratungen der die Verfassung ratifizierenden Gremien in den einzelnen Staaten kein Zweifel darüber, daß hier vor allem den historisch gewachsenen Rechten der Bürger Tribut gezollt wurde.

Dennoch weist Gladstones Bemerkung auf etwas Wichtiges hin: in den Vereinigten Staaten, dem ersten vom Kolonialismus befreiten Land der Neuen Welt, dessen Unabhängigkeit just in dem Jahr erklärt wurde, das die Veröffentli-

---

[10] Commentaries on the Laws of England, 19. Aufl., New York, 1847, Introduction, 38 ff., Buch I, 121 ff., Buch II, 1 ff.
[11] Kin Beyond the Sea, in North American Review, CCLXIV (1878), 185.

chung von Adam Smith' Untersuchung des Reichtums der Nationen sah, begann mit den ersten geschriebenen Verfassungsdokumenten und ihren Grundrechtskatalogen das moderne Zeitalter der Gesetzgebungen, der rechthaberischen Gesetzgebereien, die sich immer mehr zu wahren Gesetzgebungsmanien auswuchsen, welche Gesetze hervorbrachten, „struck off at a given time by the hand and purpose of man" – zu gegebener Zeit gezielt von Menschenhand schnell gestanzt. Hier, in Amerika zuerst, kam es zu gesetzgeberischen Ereiferungen nicht zuletzt infolge der Begeisterung, ja Trunkenheit über die eben gewonnene Volkssouveränität, das „self government" und deren Verheißung des demokratischen Traumes mit seiner Traumwelt, wobei es vielen nicht in den Sinn kam, daß es einmal ein schreckliches Erwachen aus dieser Welt der Träume geben könnte.

Einige allerdings sahen die Gefahren rechthaberischer Gesetzesmachereien bereits früh. Madison, der Vater der Bundesverfassung und Mitverfasser des „Federalist", und Hamilton, der dieses Werk initiierte und den größten Beitrag zu ihm leistete: ein maßvoller Vorsitzender bei den Sitzungen, welche die Bundesverfassung entstehen ließen, und ein Bewunderer der britischen, auf allmählich gewachsenem Recht fußenden Verfassung. Beide äußerten nicht nur Zweifel hinsichtlich demokratischer Despotismen. Sie kritisierten auch überhitzten und überspannten Gesetzgebungseifer. Im Essay 27 erwähnt Hamilton gesetzgeberische Praktiken, die, augenblicklichen Neigungen und Wünschen folgend, in allgemeinem Unglück, allgemeiner Unzufriedenheit und allgemeinem Ekel enden. Er nahm dieses Thema nochmals auf im letzten Essay, als ob er es am Ende des klassischen Kommentars noch einmal unterstreichen wollte: „Das Resultat der Beratungen aller Kollektivkörper muß sich notwendigerweise zusammensetzen aus Irrtümern und Vorurteilen sowie aus gutem Sinn und Weisheit."

## III. Wachsen des Rechtsetzens und dessen Rechthabereien

Die Reihenfolge bei dem Skeptiker gegenüber der Demokratie ist bezeichnend. Deutlich auch Madison in Essay 62. Hier wird die Wechselhaftigkeit der öffentlichen Gremien infolge von Neuwahlen in den einzelnen Staaten hervorgehoben und die Tatsache, daß „diesem Wechsel des Personals ein Wechsel der Meinungen, ein Wechsel der Maßnahmen folgen muß, aber ein fortlaufender Wechsel sogar von guten Maßnahmen unvereinbar ist mit jeder Regel der Klugheit und jeder Aussicht auf Erfolg." Der Text fährt fort: „Das Herausfinden der üblen Wirkungen einer wechselhaften Regierung würde einen Band füllen. Ich will nur wenige anzeigen. Jede von ihnen wird als Quelle unzähliger anderer erscheinen." Und dann wird gezeigt, wie der Respekt und das Vertrauen anderer Nationen verloren geht, was noch nicht einmal so schlimm erscheint wie der Schaden, der im Lande selbst durch das ungezügelte Verabschieden von Gesetzen entsteht: „Die internen Wirkungen einer wechselhaften Politik sind noch verheerender. Diese vergiftet den Segen der Freiheit selbst. Es wird dem Volke wenig nutzen, daß die Gesetze von Männern seiner eigenen Wahl gemacht werden, wenn die Gesetze so umfangreich sind, daß sie nicht gelesen werden können oder so inkohärent, daß sie nicht verstanden werden können; wenn sie widerrufen oder geändert werden bevor sie promulgiert werden oder derartig unaufhörlich geändert, daß kein Mensch, der weiß, was das Gesetz heute ist, sich denken kann, was es morgen sein wird. Das Gesetz wird als Verhaltensregel definiert; aber wie kann das eine Regel sein, das wenig bekannt ist und noch weniger feststeht?"[12]

---

[12] Madison fährt fort: „Another effect of public instability is the unreasonable advantage it gives to the sagacious, the enterprising, and the moneyed few over the industrious and uninformed mass of the people. Every new regulation concerning commerce or revenue, or in any manner affecting the value of the different species of property, presents a new harvest to those who watch the change, and can trace its consequences; a har-

Derartige, auf den Erfahrungen mit übereifrigen Gesetzgebern in den unabhängig gewordenen Staaten fußende Bedenken führten zu Gesetzgebungsverboten in der amerikanischen Bundesverfassung. Z. B. zu der Bestimmung der „contract clause" (Art. I, 10, 1), einer Klausel, die der das Recht stabilisierenden Bestimmung „pacta sunt servanda" huldigt, wenn sie gleich nach dem Verbot von „ex post facto" Gesetzen bestimmt, kein Staat dürfe ein Gesetz verabschieden, das die Verpflichtung aus Verträgen beeinträchtigt. Ebenfalls dürfte Art. 5 aus solchen Bedenken zu erklären sein. Er macht es äußerst schwierig, die Verfassung zu ändern, so daß diese als rigide Verfassung bekannt wurde. Ein Viertel der Einzelstaaten plus ein Einzelstaat können

---

vest, reared not by themselves, but by the toils and cares of the great body of their fellow-citizens ...

In another point of view, great injury results from an unstable government. The want of confidence in the public councils damps every useful undertaking, the success and profit of which may depend upon a continuance of existing arrangements. What prudent merchant will hazard his fortunes in any new branch of commerce when he knows not but that his plans may be rendered unlawful before they can be executed? What farmer or manufacturer will lay himself out for the encouragement given to any particular cultivation or establishment, when he can have no assurance that his preparatory labors and advances will not render him a victim to an inconstant government? In a word, no great improvement or laudable enterprise can go forward which requires the auspices of a steady system of national policy.

But the most deplorable effect of all is that diminution of attachment and reverence which steals into the hearts of the people, towards a political system which betrays so many marks of infirmity, and disappoints so many of their flattering hopes. No government, any more than an individual, will long be respected without being truly respectable; nor be truly respectable, without possessing a certain portion of order and stability."

So Madison, der Vater der amerikanischen Bundesverfassung, anno 1788 in einem Land, das als westlichste der westlichen liberalen Demokratien sich dereinst als Land der unbegrenzten Möglichkeiten dem reinen Liberalismus am weitesten nähern sollte! Man vergebe das lange Zitat, aber es scheint mir gerechtfertigt. Sein Schluß erinnert an folgende Stelle aus Ronald Reagans Inauguralrede vom 20. Januar 1981: „You and I, as individuals, can, by borrowing, live beyond our means, but for only a limited period of time. Why, then, should we think that collectively, as a nation, we're not bound by that same limitation?"

## III. Wachsen des Rechtsetzens und dessen Rechthabereien 55

ein Amendement verhindern, was dem Änderungsprozeß der Verfassung des Zweiten Deutschen Reiches ähnelt, nach dem vierzehn Stimmen im Bundesrat genügten, eine Änderung zu blockieren.

So erscheint die amerikanische Bundesverfassung als gesetzgebungshemmend. Sie ist auch oft als konservativ angesehen worden, als Verkörperung der Prinzipien der langsam gewachsenen britischen Verfassung, die ja, was ihre Substanz angeht, von Montesquieu als eine republikanische angesehen wurde. Die Argumente in der verfassunggebenden Versammlung von Philadelphia, im „Federalist" und in den Debatten, die zur Ratifizierung der Verfassung führten, beeindrucken durch ihre Zugeständnisse, daß es sich bei ihr lediglich um einen Kompromiß handelte, der als solcher nicht perfekt war, jedoch wohl das Beste, was unter den gegebenen Umständen erreicht werden konnte. Aber wenn die Verfassung mit ihrem der geschichtlichen Entwicklung verbundenen Maß auch den Gesetzgebungseifer in einzelnen Staaten, der dortige Rechthabereien besonders deutlich vor Augen führte, dämpfte, demonstrierte sie selbst doch ebenfalls Rechthaberei. Denn was ist ein gesetzgeberischer Kompromiß schon denn ein Kompromiß zwischen verschiedenen Rechthabereien? Er vermittelt zwischen diesen zwar und nimmt ihnen manche Schärfe, annulliert sie aber keineswegs, sondern führt sie zu einer Synthese zusammen. Aber eine Synthese gegensätzlicher Rechthabereien dürfte selbst Rechthaberei sein.

Die amerikanische Bundesverfassung mochte rechthaberischen Gesetzgebungseifer hemmen. Auf dem europäischen Kontinent trat er seit 1789 um so deutlicher hervor – und um so kompromißloser. In der Französischen Revolution rollten die Gesetze wie die Köpfe. Gesetzesmachereien, die in den Vereinigten Staaten auf die Einzelstaaten beschränkt blieben, zeigten sich hier auf nationaler Ebene. Während in Amerika bei einer gewissenhaften rechthaberi-

III. Wachsen des Rechtsetzens und dessen Rechthabereien

schen Abstinenz ein ehernes Verfassungsdokument geschaffen wurde, machte man dort, wo Notre Dame de Paris in einen Tempel der Räson umgewandelt wurde, in eher gewissenloser Weise schon in den wenigen Jahren der Revolution eine Verfassung nach der anderen mit einer Rechthaberei, die in einem Falle das Verlangen aufkommen ließ, jeden, der eine Verfassungsänderung vorschlug, mit dem Tode zu bestrafen – mehr als ein Jahrzehnt nach der Veröffentlichung von Kants erster Kritik! Ein derartiges Verhalten in stetem Drang nach Neuem zeigte sich auch hinsichtlich dessen, was man vom Ancien régime verbessern wollte, wie die nationale Einheit. So wurde berichtet, Brissot sei wegen seiner Bewunderung des „Federalist" verurteilt worden.[13] In der geschichtsträchtigen amerikanischen Revolution, die oft als Fortsetzung der ähnlich orientierten Whig Revolution des 17. Jahrhunderts angesehen wurde, war ein Benjamin Hichborn mit der Behauptung, der Wille des Volkes habe nun freien Lauf und brauche sich nicht mehr an bestehende Verfassungsurkunden und Grundrechtskataloge zu halten, eher eine Randfigur. In der Französischen Revolution dagegen stand die nüchterne, der Geschichte verbundene Bemerkung abseits, das Ancien régime, das doch immerhin Jahrhunderte existierte, könne doch wohl kaum ohne eine Verfassung gewesen sein. Sie wurde von der Masse maßloser und vernünftelnder Eiferer an die Wand gedrückt, die hurtig ans Gesetzgeben gingen, ob es sich nun um neue Verfassungen oder einfache Gesetze handelte. Zwischen beiden wurde ohnehin kaum noch ein Unterschied gemacht, da sie ja vom gleichen Gremium verabschiedet wurden.[14]

---

[13] Jules Michelet, Histoire de la révolution française, Marpon et Flammarion Ed., Paris, 1879, VII, 111. Anderer Ansicht Albert Esmein im Vorwort zu Gaston Jèze (Hrsg.), Le Fédéraliste, Paris, 1902, xxxvi.

[14] Hichborns Rede in Boston, 1777, ist abgedruckt in Hezekiah Niles (Hrsg.), Principles and Acts of the Revolution, Baltimore, 1822, 27. Die Identität von Verfassungsgesetzgeber und einfachem Gesetzgeber wird als

### III. Wachsen des Rechtsetzens und dessen Rechthabereien 57

In französischen Interpretationen von Thomas Paines Äußerung, eine Verfassung gäbe es nur dann, wenn man sie in die Tasche stecken könne, ging man zu einem formalen Verfassungsbegriff über, der sich wesentlich von dem auf Montesquieu zurückgehenden Art. 16 der Erklärung der Menschen- und Bürgerrechte vom 26. August 1789 unterschied, der feststellte, ein Land, das diese Rechte nicht sichere und die Gewaltenteilung nicht durchführe, habe keine Verfassung. Ein solcher Verfassungsbegriff mußte zu der Gleichung „geschriebene Verfassung = geschriebene Verfassung" führen, nach der man die Verfassung Stalins von 1936 mit der amerikanischen gleichsetzen konnte. Er erinnert in seiner Wertfreiheit an die trotz der enormen Abwertung der deutschen Währung in der Inflation vom Reichsgericht verkündete Entscheidung „Mark = Mark".

Derartige Auslegungen von Paines Äußerung gingen Hand in Hand mit der französischen Interpretation von Montesquieus Idee der Gewaltenteilung. Diese Interpretation erlaubte eine starke gesetzgebende Gewalt. Offenbar glaubte man im Einklang mit einer Revolution, in der man auch nach dem Erdbeben von Lissabon vielerseits noch dachte, der Mensch könne aufgrund seiner Vernunft Perfektes schaffen und solches zeigen (man ließ eine Schauspielerin die Göttin der Vernunft darstellen) und, wie der Législateur Rousseaus, gesetzgeberisch alles richtig machen. Rechthaberischem Gesetzgebungseifer, wie er in Amerika noch gezügelt wurde, wurde in Frankreich kaum noch Grenzen gesetzt. Erstaunlich ist das nicht, denn geschichtliche Evolutionen sind voll von Reaktionen. Trotz der Auseinandersetzungen mit dem englischen Parlament und den Vorwürfen gegen den König wußte man in Amerika, daß man in der konstitutionellen Monarchie, die 1688 mit der Glorreichen Revolution zustande gekommen war,

---

Erklärung für die Abwesenheit des richterlichen Prüfungsrechts angesehen. Vgl. Essay 78 des Federalist.

nicht allzuviel auszustehen hatte. So war der rechthaberische Gesetzgebungseifer dort ab 1776 bei weitem nicht so intensiv wie in Frankreich seit 1789, wo man sich von einem absoluten Monarchen befreit fühlte, der alle Macht in sich vereinigte. Das Zeitalter der Gesetzgebungen hatte in Amerika seinen Anlauf begonnen. In Frankreich nahm es seinen vollen Lauf. Im Streit der Fakultäten (II, 7) schrieb Kant, der die Französische Revolution trotz seiner generellen Verurteilung von Revolutionen akzeptierte, „ein solches Phänomen in der Menschengeschichte *vergißt sich nicht mehr,* weil es eine Anlage und ein Vermögen in der menschlichen Natur zum Besseren aufgedeckt hat." Jacob Burckhardt sah in ihr eine „Vollmacht zur ewigen Revision" und fuhr fort: „Das entscheidend Neue, was durch die französische Revolution in die Welt gekommen, ist das Ändern-dürfen und das Ändern-wollen mit dem Ziel des öffentlichen Wohls." Sie, die „sich ... selber für die Freiheit gehalten" hat, erschien ihm „so elementarisch unfrei ... wie etwa ein Waldbrand." Und Maurice Hauriou schrieb, was dieser Waldbrand war, nämlich das absolute Kommen des geschriebenen Gesetzes und die systematische Zerstörung gewohnter Institutionen. Er betonte, daß die Kräfte des Wechsels in diesem Zustand dauernder Revolution nun mächtiger geworden sind als die der Stabilität.[15]

In Frankreich kam es zu einer wahren Gesetzgebungswelle. Noch während der turbulenten Jahre der Revolution wurden mehrere Verfassungen und Grundrechtskataloge formuliert, von einfachen Gesetzen ganz zu schweigen. 1804 wurde der Code Civil verabschiedet, der wegen der bedeutenden Rolle, die der Kaiser selbst bei seiner Abfassung spielte, als Code Napoléon bekannt wurde. Ihm folgten Gesetzbücher über den Zivilprozeß (1807), das Han-

---

[15] Der Streit der Fakultäten, in Werke, VII, 88; Burckhardt, Historische Fragmente, Stuttgart, 1942, 205; Hauriou, Principes de droit public, 2. Ed., Paris, 1916, xi.

## III. Wachsen des Rechtsetzens und dessen Rechthabereien

delsrecht (1807), den Strafprozeß (1808) und das Strafrecht (1810). Auf sie alle trifft wohl zu, was der Rechtslehrer Jean-Joseph Bugnet geäußert haben soll: „Ich kenne kein Zivilrecht. Ich lehre nur den Code Napoléon", oder die Äußerung von C. Demolombe, „mein Grundsatz und mein Glaube ist: die Texte über alles!"[16] Wie Hegel sagte, er selbst sei die Wahrheit, konnte man nun meinen, die Wahrheit des Rechts sei allein in Gesetzeskodifikationen zu finden mit all ihren Rechthabereien, die in dauernden Neukodifizierungen ihren Platz fanden, sonst nirgends. Und nicht nur in Frankreich.

Auf der anderen Seite des Rheins veröffentlichte der Heidelberger Romanist A. F. J. Thibaut in Heidelberg 1814 „Über die Nothwendigkeit eines allgemeinen bürgerlichen Rechts für Deutschland". Das brachte im gleichen Jahr am gleichen Ort die Entgegnung des Romanisten Friedrich Karl von Savigny hervor, „Vom Beruf unserer Zeit für Gesetzgebung und Rechtswissenschaft". Diese Streitschrift wies auf die Gefahren der Gesetzgebung hin. Die von Savigny gegründete Historische Schule, in welcher Johann Jakob Bachofen u. a. mit seiner Basler Antrittsrede sowie seiner Savigny dreizehn Jahre später überreichten Selbstbiographie hervorragte, konnte die Tendenz zur Gesetzgebung nicht aufhalten. Mehr und mehr deutsche Staaten nahmen Verfassungen an, unter denen sie Gesetze verabschiedeten. Nach der Einigung Deutschlands wurde der Kodifikationsprozeß auf Reichsebene fortgesetzt. Südlich der Alpen war es ähnlich. Weder die Historische Schule noch die Restauration italienischer Fürsten nach dem Fall Napoleons konnten wachsende Kodifizierungen verhindern. Man hieß die Gesetze des französischen Kaiserreichs willkommen.

---

16 Bugnets Äußerung ist zitiert in Julien Bonnecase, Ecole de l'exégèse en droit civil, 2. Aufl., Paris, 1924, 29, 128; zu der von Demolombe siehe Georges Ripert, Le régime démocratique et le droit civil moderne, 2. Aufl., Paris, 1948, 45 f.

Nach Waterloo machten die restaurierten Regierungen Kodifikationen zu Prioritäten. Mit der Einigung des Landes wurde die Verfassung von Piedmont-Sardinia, das „Statuto" von 1848, das oberste Gesetz ganz Italiens, und unter ihm befleißigte sich das Parlament der zunehmenden Verabschiedung von Gesetzen. Ähnliche Gesetzgebungseifer fanden sich in anderen Ländern des Kontinents. Selbst das als konservativ bekannte Großbritannien blieb davon nicht verschont. Hier hatte die Arbeit des Parlaments auch nach der Glorreichen Revolution, die ihm alle Macht übertrug, sich eingedenk der Ermahnungen Blackstones im Sinne des Common law in Grenzen gehalten. Aber schon als A. V. Dicey Ende des 19. Jahrhunderts seine bekannte Lobpreisung der englischen „rule of law" veröffentlichte, konnte man Tendenzen zu mannigfaltigeren Gesetzgebungen feststellen. Im 20. Jahrhundert wurden sie noch deutlicher. Das Werk von Ivor Jennings zeigt, in welch hohem Maße das klassische Land des Gewohnheitsrechts zu einem der Gesetzgebungen wurde, daß „legislation" das „common law" verdrängte.[17]

Das kann man auch in den Vereinigten Staaten feststellen. Hier hatte die richterliche Normenkontrolle Gesetzgeber lange in die Schranken der Verfassungsmäßigkeit verwiesen. Seit Präsident Franklin D. Roosevelt, dessen gesetzgeberisches Programm des „New Deal" auf das „Progressive Movement" um 1900 und Woodrow Wilsons „New Freedom" zurückgeht, änderte sich das. Bei immer mehr von den Legislaturen verabschiedeten Gesetzen kam es immer mehr zu Ablehnungen des „judicial review". Der bekannte Richter und Rechtsphilosoph Oliver Wendell Holmes, Jr. hatte Zweifel über die Konstanz eines älteren, geschichtlich gewachsenen Rechts. Es kümmerte ihn wenig, daß ein sol-

---

[17] Dicey, Introduction to the Study of the Law of the Constitution, London, 1885; Jennings, The Law and the Constitution, London, 1933 (um nur die oft neu aufgelegten Hauptwerke beider Autoren zu erwähnen).

III. Wachsen des Rechtsetzens und dessen Rechthabereien 61

ches seinen Wert über Generationen bewiesen hatte. Ihm war „die erste Voraussetzung eines gesunden Rechts", daß es „mit den tatsächlichen Gefühlen und Wünschen der Gemeinschaft" in Einklang stand und half, „ein soziales Ziel zu erreichen, an das die Regierung der Gemeinschaft gelangen will". Dabei war es gleichgültig, ob die Wünsche der Gemeinschaft „richtig oder falsch" waren. Was immer der Gesetzgeber gerade wollte, sollte gültig sein. Holmes hatte viele Anhänger. „Sociological jurisprudence" öffnete Gesetzgebern mit all ihren Rechthabereien und Torheiten weite Tore.[18]

Bereits 1848 schrieb Hermann von Kirchmann über die Machtlosigkeit der von immer neuen Gesetzen gejagten Juristen. Um dieselbe Zeit reduzierte der Konservative F. J. Stahl auf nicht sehr konservative Weise den von Kant und Robert von Mohl gewürdigten Rechtsstaat zum bloßen Gesetzesstaat. Seine Ansicht wurde die herrschende „rechtsstaatliche". Nach ihr konnte es dann eine Art „Rechtsstaat" nach der anderen geben, ganz wie es dem Gesetzgeber gefiel. Carl Schmitt, der verschiedene dieser Arten aufzeigte, schrieb auch, das schlimme Wort von der todbringenden Vergesetzlichung des Rechts, der „legalité qui tue", sei damals entstanden. Eine solche Bewertung von Gesetzgebungen war ominös.

Aber es sollte noch schlimmer kommen. Während im 19. Jahrhundert Gesetze noch mit einigem Maßhalten verabschiedet wurden, stieg ihre Produktion später derart an, daß Schmitt vom motorisierten Gesetzgeber sprach. Wie um den Gedanken der „légalité qui tue" noch einmal zu bekräftigen, veröffentlichte Fernand Auburtin in der Hauptstadt des Landes der Legisten 1922 „Une législation qui tue".[19]

---

[18] The Common Law, Boston, 1881, 41 f.; Law in Science and Science in Law, in Collected Legal Papers, New York, 1920, 225.

Jedoch war auch damit das Ende gesetzgeberischer Verschlimmerungen noch nicht erreicht. Es war nicht nur so, daß Gesetzgebungsverfahren immer mehr vereinfacht, immer schneller und summarischer wurden. Entgegen dem Grundsatz „delegatus non potest delegare", den sich John Locke in seiner Zweiten Abhandlung zu eigen machte, wenn er schrieb, die Legislative könne die Gesetzgebungsgewalt nicht in andere Hände übergeben, da diese eine vom Volke delegierte Gewalt ist (141), übertrugen Legislativen immer mehr Ermächtigungen an Agenten der Exekutive, Verordnungen mit Gesetzeskraft zu erlassen. Gesetzgebungen blieben also nicht auf normale Gesetzgebungsverfahren beschränkt, sondern waren der Rechthaberei von Personen ausgesetzt, die außerhalb solcher Verfahren standen. Das waren meist Verwaltungsbeamte. Die Gesetzesschwemme wurde so durch eine Verordnungsschwemme ergänzt. Aber selbst das genügte nicht. Zu letzterer kam eine von Anordnungen, von Maßnahmen, welche Verordnungen hinsichtlich der Schnelligkeit ihres Zustandekommens und ihrer Bekanntgabe noch übertrafen.

Sie alle brachten eine Flut von Normen hervor, die bei vielen Angst erregte. Vielleicht dachte der Lord Chief Justice von England, Lord Hewart, an das oben erwähnte Wort Actons, als er 1929 „The New Despotism" veröffentlichte, in dem er nostalgisch auf Dicey zurückblickte. Das geschah anfangs der Depression, die in Amerika Franklin D. Roosevelt ins Weiße Haus brachte. Im Jahr der ersten Wiederwahl Roosevelts brachte dann der Vizepräsident der American Liberty League, Raoul E. Desvernine, offenbar von ähnlichen Ängsten gepeinigt, sein „Democratic Despotism" heraus, das Roosevelts Programm mit Maßnahmen Kemal Atatürks, Mussolinis und Stalins verglich.[20] Ein Rückblick mit erschreckendem Ausblick.

---

[19] Schmitt, Die Lage der europäischen Rechtswissenschaft, Tübingen, 1950, 18 ff.

## IV.

Es ist fraglich, ob der Vormarsch von Gesetzgebungen, in dem, wie gezeigt, Rechthaberei am deutlichsten in Erscheinung tritt, überhaupt noch aufzuhalten ist, trotz aller Deregulierungen, mit denen Ludwig Erhard einen mutigen Anfang machte.

Ohne Zweifel gibt es auch in der Rechtsprechung Rechthaberei, weil nun einmal Richter bei den ihnen zustehenden Entscheidungsspannen rechthaberisch tätig sind. Aber die Möglichkeit ist relativ gering, wenn Richter nicht gesetzgeberisch tätig werden, wie nach dem schweizerischen Zivilgesetzbuch oder in englisch sprechenden Ländern. Ähnliches trifft auf entscheidende Verwaltungsbeamte zu. Sie sind zwar an Gesetze gebunden, haben aber doch einen oft nicht unbeträchtlichen Ermessensspielraum hinsichtlich Verordnungen und Anordnungen, so daß die Frage aufgetaucht ist, ob ihre Maßnahmen gutes Maß tatsächlich zeigen oder eher einen „excès de pouvoir" und daher „ultra vires" sind. So erscheint Rechthaberei bei Richtern und Exekutivorganen prinzipiell als eine zweite Hand und nur in Ausnahmefällen als eine originäre. Beim Gesetzgeber ist sie hingegen stets primär. Er kann aus nichts etwas machen, wenn er sie durch neue ersetzt oder auch nur ergänzt. Seiner gesetzgeberischen Rechthaberei sind kaum Grenzen gesetzt. Der Verfassungsgesetzgeber kann Verfassungen än-

---

[20] Das Buch von Hewart erschien in London, das von Desvernine in New York. Zu Hewart vgl. Schmitt, Lage der europäischen Rechtswissenschaft, 20; Hayek, Die Verfassung der Freiheit, Tübingen, 1971, 308. Zum Anwachsen der Macht des amerikanischen Präsidenten, siehe meinen Beitrag: Will the Presidency Incite Assassination?, in Ethics, LXXVI (1965), 14.

dern, so fassungslos das manchen auch erscheinen mag. Sogar bei rigiden Verfassungen kann er das zuweilen recht schnell. So sagte man beim Abschaffen der Prohibition alkoholischer Getränke, die Ratifizierung des 21. Verfassungszusatzes der amerikanischen Bundesverfassung habe nicht viel länger gedauert als das Entkorken einer Sektflasche.

Rechthaberisch kann ein neues Gesetz ein altes ändern, eine neue Verordnung eine alte, eine neue Anordnung eine alte. Das entspricht Jherings bekanntem Vortrag, wo es auf Seite 16 heißt, „die Idee des Rechts ist ewiges Werden, das Gewordene aber muß dem neuen Werden weichen, denn

> Alles, was entsteht,
> Ist wert, daß es zu Grunde geht.

Diese Nietzsche vorwegnehmenden Worte deuten auf eine Zeit, in welcher der Gesetzgeber wohl schon ein galoppierender war. Sie passen um so mehr in unsere Ära des motorisierten Gesetzgebers, in der man sich fragen muß, ob sie nicht bereits eine des Jet-Gesetzgebers geworden ist bei allem immer schneller fortschreitenden Werden.[1] Stets aber wurde hier Rechthaberei demonstriert.

Angesichts der damals erfolgten Einigung Deutschlands und seiner gerade werdenden Rechtsordnung, die von vielen noch heute als die der guten, alten Zeit angesehen wird, scheute sich vielleicht der Friese, der im Jahre des Vortrags von Wien nach Göttingen ging, wo er bis zu seinem Lebensende 1892 blieb, Gesetzgebungen als Rechthabereien beim Namen zu nennen. Er war ja im Zweiten Reich gesetzgeberisch engagiert, und der Satz in seinem Vortrag, „die Geburt des Rechts ist wie die des Menschen regelmäßig begleitet von heftigen Geburtswehen" (S. 20) dürfte ihn

---

[1] Vgl. Bernhard Großfeld, Zeit und Ewigkeit im Recht, in Hans-Uwe Erichsen, Helmut Kollhosser, Jürgen Welp (Hrsg.), Recht und Persönlichkeit, Berlin, 1996, 33.

## IV. Rechthaberei bei Interpretationen des Rechts

veranlaßt haben, sich dem werdenden Recht gegenüber nicht allzu kritisch zu äußern. Außerdem meinte er mit seinem Aufruf zum Kampf ums Recht vornehmlich einen innerhalb der bestehenden Rechtsordnung, dessen Rechthaberei, wie oben gezeigt, Juristen kaum tadelhaft erscheinen sollte, wie heftig sein Vortrag von manchen auch kritisiert werden mochte.

Im Anschluß an Savigny hat Carl Schmitt 1944 die Rechtswissenschaft als „letztes Asyl des Rechtsbewußtseins" gesehen. Da er nun Kirchmanns fast hundert Jahre alten Aufsatz über die Wertlosigkeit der Jurisprudenz als Wissenschaft hervorhob, war sein Asylsuchen für die Rechtswissenschaft ein wahrer Notschrei zur Rettung des Rechts vor der Überschwemmung mit Gesetzen, Verordnungen und Anordnungen, deren Härte man gerade zu dieser Zeit gewahr wurde. Kirchmann hatte gesagt: „Die Juristen sind durch das positive Gesetz zu Würmern geworden, die nur von dem faulen Holze leben; von dem gesunden sich abwendend, ist es nur das Kranke, in dem sie nisten und weben ... drei berichtigende Worte des Gesetzgebers und ganze Bibliotheken werden zu Makulatur."[2] Sein Ausspruch kam, nachdem Savigny, der vor Gesetzgebungen gewarnt hatte, 1842 ausgerechnet preussischer Minister für Gesetzesrevision geworden war, um die Zeit, als der Minister eine Vereinfachung und Beschleunigung der Gesetzgebung betrieb, gesetzgeberischer Rechthaberei also Vorschub leistete. Wenn Schmitt nun trotz der damaligen Kapitulation seines Helden dessen frühere Warnungen vor Gesetzgebungen in der Johannes Popitz gewidmeten Arbeit neu betonte, so zeigt das, wie weit in erschreckender Weise seiner Ansicht nach alles getrieben war.

---

[2] Lage der europäischen Rechtswissenschaft, 29 ff., 15. Hermann von Kirchmann, Die Wertlosigkeit der Jurisprudenz als Wissenschaft, Berlin, 1848, Stuttgart, 1938, 37.

Nun fragt man sich bei einem Notschrei, der immer einen gewissen Grad von Verzweiflung anzeigt, ob denn da noch etwas zu retten ist. Wie sollte auf der Schwelle zum Jet-Gesetzgeber, beim motorisierten Gesetzgeber das möglich sein, was Kirchmann bereits zu einer Zeit nicht mehr möglich erschien, als Gesetze noch mit einem gewissen Maß zustande kamen? Aus der Sicht der Rechtsentwicklung und deren Kontinuität während der letzten Generationen kann man da berechtigte Zweifel hegen, wenn man auch nicht zu verzweifeln braucht, weil nun einmal die Geschichte ein stetes Auf und Ab gezeigt hat, weshalb Männer wie Goethe und Jakob Burckhardt historischen Ereignissen mit einer gewissen Gleichgültigkeit begegnet sind. Aber ob es nun der Rechtswissenschaft gelingt oder nicht, zu einem Refugium des Rechts zu werden, dürfte es ihr doch kaum gelingen, frei von Rechthaberei zu werden und die von mir vertretene Ansicht zu entkräften, allem Recht gehe Rechthaberei voraus. Wird diese Ansicht unterstellt, kann es nicht möglich sein, daß diejenigen, die sich wissenschaftlich mit dem Recht befassen und es auf verschiedene Arten zu deuten und deuteln versuchen, sich nicht auch rechthaberisch verhalten. Daß die Rechtswissenschaft von Rechthabereien ähnlich unfrei ist wie der Advokatenstand, zeigen ihre verschiedenen Schulen wie auch rechtswissenschaftliche Kongresse, zeigt die rechtswissenschaftliche Literatur. Hier wird der Rechthaberei weitgehend gefrönt. Erstaunlich ist das nicht angesichts der Tatsache, daß auch Vertreter der Rechtswissenschaft immer mehr von Gesetzgebungen gefangen genommen wurden und es schwerlich zu erwarten ist, daß solche, die sich wissenschaftlich mit Rechthabereien befassen, von diesen frei sind. Wenn Wissen schafft – und das erscheint mir als der eigentliche Sinn der Wissenschaft –, dann dürfte der Rechtswissenschaftler Wissen um das Recht Rechthabereien nicht entgehen können.

IV. Rechthaberei bei Interpretationen des Rechts 67

Wie die Rechtswissenschaft dürfte auch das Naturrecht nicht in der Lage sein, den Vormarsch von Gesetzen und legislativen Maßnahmen aufzuhalten. Die Rechtsentwicklung hat seit Beginn des gesetzgeberischen Zeitalters gezeigt, daß diese das Naturrecht immer weiter zurückdrängten. Insofern teilt das Naturrecht das Schicksal des Gewohnheitsrechts. Etwa zu der Zeit, in der Gesetzgebungseifer dem geschichtlich gewachsenen Recht Schläge versetzte, wurde dem theistischen Naturrecht vom Deismus zugesetzt. Das mittelalterliche „non sub homine sed sub deo et lege" ließ noch eine Übereinstimmung des common law mit dem göttlichen Recht erkennen: ersteres wurde von letzterem sanktioniert in dem Glauben, lange Währendes habe als Bewährtes den Segen Gottes. Diese Einheit des Rechts mit theistischem Naturrecht wurde in der Aufklärung zerstört. Der überhand nehmende Deismus konnte dem entstehenden Gesetzgebungseifer nur gelegen kommen, bis dann auch deistisch orientiertem Naturrecht durch geschriebene Gesetze Abbruch getan wurde. Nun braucht man nicht so weit zu gehen wie Bernhard Windscheid 1854 in seiner Greifswalder Universitätsrede und ausrufen, der Traum des Naturrechts sei ausgeträumt.[3] Das Naturrecht dürfte sich ebensowenig ganz verdrängen lassen wie die Natur. Etwa zu der Zeit, als Schmitt uns den Wert langsam gewachsenen Rechts ins Gedächtnis zurückrief in seiner

---

[3] „Es gibt für uns kein absolutes Recht. Der Traum des Naturrechts ist ausgeträumt, und die titanenhaften Versuche der neueren Philosophie haben den Himmel nicht gestürmt." Vgl. Schmitt, Lage, 14 f. Bei Karl Bergbohm, Jurisprudenz und Rechtsphilosophie, Leipzig, 1892, I, 436, liest man: „Das Dasein alles Rechts besteht darin, daß es Wirkungen auszuüben vermag. Hierin wird das herrlichste ideale Recht von dem jämmerlichen positiven übertroffen, genauso wie ein Krüppel mehr sieht, hört, leistet als die schönste Statue, die blind, taub und unthätig ist." In den zwanziger Jahren war der Rechtspositivismus derart vorherrschend, daß Eric Voegelin klagte, es werde als eine Art intellektueller Schande angesehen, Anhänger naturrechtlicher Lehren zu sein. Kelsen's Pure Theory of Law, Political Science Quarterly, XLII (1927), 268.

5*

## IV. Rechthaberei bei Interpretationen des Rechts

Studie über die Lage der europäischen Rechtswissenschaft, sprach Heinrich Rommen von der ewigen Wiederkehr des Naturrechts, und eine Wiederkehr dieses Rechts war nach dem Zweiten Weltkrieg als Reaktion auf vorangegangenen Gesetzespositivismus unverkennbar. Aber sie war nur kurzlebig und bremste in gesetzgeberischen Maßnahmen ausgedrückte Rechthaberei nicht.[4] Selbst wenn sie das vermocht hätte, könnte das Naturrecht wohl ebensowenig wie das geschichtlich gewachsene Recht und die Rechtswissenschaft meine Behauptung entkräften, daß Recht auf Rechthaberei beruht.

Auch im Naturrecht hat es von jeher rechthaberische, divergierende Auffassungen gegeben. Sie erschöpften sich nicht mit dem großen Bruch zwischen theistischem und deistischem Naturrecht. Daneben gab es innerhalb dieser beiden Arten Streit bis auf den heutigen Tag. Man sollte nämlich nicht vergessen, daß es letzten Endes auch nur Menschen sind wie beim geschichtlichen und legislativen Recht, die bestimmen, was das Naturrecht, ja sogar das göttliche Recht ist und sich bei ihren Unterfangen entsprechend herumhadern. Rudolf Stammler sprach vom Naturrecht mit wechselndem Inhalt. Vorher hatte Johann Jakob Bachofen über „Das Naturrecht und das geschichtliche Recht in ihren Gegensätzen" in seiner Basler Antrittsrede gesprochen.[5] Sie wurde zur gleichen Zeit gehalten, als

---

[4] Vgl. Heinrich Rommen, Die ewige Wiederkehr des Naturrechts, 2. Aufl., München, 1947; mein Natural Law in the Modern European Constitutions, in Natural Law Forum I (1956), 73.

[5] Stammler, Die Lehre vom richtigen Rechte, Berlin, 1902. Bachofens Rede ist zu finden in Selbstbiographie und Antrittsrede über das Naturrecht, Halle, 1927. In seiner Einleitung schreibt Alfred Baeumler auf Seite 5 f.: „Der Grundgedanke, von dem Bachofen bei der Beurteilung der neueren Staatswissenschaft ausgeht, ist folgender: Staat und Recht sind nach dieser irrtümlichen Ansicht [die des philosophischen oder naturrechtlichen Prinzips im Gegensatz zum historischen] nicht ursprüngliche und notwendige Einrichtungen, sondern freiwillige, bewußte Schöpfungen des Menschen, Schöpfungen nicht unserer besseren Natur, sondern unserer Verderbnis, und

IV. Rechthaberei bei Interpretationen des Rechts 69

Schelling von München nach Berlin ging und dort im Winter 1841 / 42 seine bekannte Vorlesung hielt. Hinzuzufügen wäre dem Titel Bachofens der Gegensatz der Gesetzgebung zu den beiden von ihm genannten Rechten. Er ist wohl stärker noch als der zwischen Naturrecht und Gewohnheitsrecht, da man von letzterem ja glaubhaft behaupten konnte, es sei infolge seines natürlichen Wachsens von der Natur und ihrem Recht sanktioniert. Das kann man schwerlich sagen von dem von Jahrzehnt zu Jahrzehnt, Jahr zu Jahr, Monat zu Monat in der Stimmung und oft der Laune jeweiligen Dafürhaltens neuen gesetzten Recht mit seinen diversen Verordnungen und Anordnungen, wie diese auch von der vermeintlich göttlichen natürlichen Vernunft einzelner Gesetzessetzer geschaffen sein mochten.

Es wäre falsch, bei all den Gegensätzen zwischen den eben erwähnten Erscheinungen des Rechts, die auch im Völkerrecht zu finden sind und stets nichts als rechthabe-

---

berufen, nicht unsere Bestimmung zu fördern, sondern nur unseren weiteren Verfall zu hemmen. Dagegen nahmen die Vertreter des historischen Prinzips eine um so innigere Verbindung von Staat und Individuum an, je weiter man in die ersten Zeiten des Menschengeschlechts zurückgeht. Nicht ein staats- und rechtsloser Zustand, in welchem der Mensch dem Menschen ein Wolf war, ist am Anfang der Zeiten, vielmehr hier stehen Mensch und Staat in vollkommener Durchdringung und höchster Harmonie. Der Staat ist nicht Erfindung eines verdorbenen Geschlechts, sondern unserer innersten Natur selbst entnommen; er ist die Vereinigung unserer besten Kräfte zu jeder Vollendung, die Verbrüderung der Lebenden und der Toten, und derer, die noch geboren werden. Der Staat ist von der Religion, auf der er ruht, niemals zu trennen; und ebensowenig von dem Volke, in dessen Sprache seine Rechtssätze ausgesprochen werden. Seine Rechtsprinzipien sind die Glaubensartikel des Volkes, er selbst der unbewußte Ausdruck des Volksgeistes, eine Darstellung seiner innersten Anlagen. Dieses Recht ist das wahre Recht der Natur, nicht das falsche „Naturrecht" der Philosophen."
Bei einer solchen Harmonie kommen die Worte Goethes in den Sinn, welche die Artemis-Gedenkausgabe der Werke, Briefe und Gespräche zum 28. August 1949, Zürich, 1948, I, 415, dem Teil „Sprichwörtlich" als Motto voranstellt:
        Lebst im Volke, sei gewohnt,
        Keiner je des andern schont.

rische Demonstrationen dessen sind, was jeweils für Recht gehalten wird, zu vergessen, daß diese Gegensätze oft keine schroffen sind. Sie offenbaren sich selten nur in schwarz / weiß Kontrasten. Es gibt da graue Zonen verschiedenster Schattierungen, in denen eins ins andere übergeht und Kontraste mehr oder weniger zurücktreten. Dennoch sind Kontraste vorhanden, besonders aber solche zwischen Gesetzen einerseits und Naturrecht und Gewohnheitsrecht andererseits, die von ersteren als einer „législation qui tue" abgetötet werden.

Bei allem aber ist kaum wegzuleugnen, daß Rechtswissenschaftler, welcher Sparte ihrer Disziplin sie auch angehören, zu welcher Art des Rechts sie auch neigen und wie sie dieses auch rechthaberisch auslegen mögen, ihm kaum Asyl gewähren können, wenn Rechtsnormen immer freimütiger gesetzt werden. Ob Anwälte, Professoren und Richter nun im Sinne Kirchmanns nisten und weben oder in dem der Freirechtsschule streben und strebern: angesichts immer ungeduldiger geübter rechthaberischer Gesetzsetzerei werden sie den verhältnismäßig stabilisierten Rechthabereien des Naturrechts und des geschichtlich gewachsenen Rechts schwerlich Zuflucht gewähren können – wenn sie das überhaupt noch wollen. Bei dem überhandnehmenden Gesetzespositivismus erscheint es nämlich fraglich, ob sie einen Kampf des Rechts gegen die Gesetze noch kämpfen wollen, auch wenn sie sich noch im klaren darüber sein sollten, worum es dabei geht. Das kann jedoch immer weniger vorausgesetzt werden, jedenfalls nicht in der juristischen Praxis. Die meisten Verfassungen binden ja eher an das Gesetz denn das Recht und sehen im Rechtsstaat einen Gesetzesstaat, von dem es nicht weit ist zum Gesetzgebungsstaat.[6] Und aus Gesetzesgebundenheit

---

[6] Vgl. Marschall von Bieberstein, Vom Kampf des Rechtes gegen die Gesetze, Stuttgart, 1927; zur Wandlung des Rechtsstaatsbegriffs mein Buch: Zur Verteidigung des Eigentums, Tübingen, 1978, 178. James Goldschmidt

IV. Rechthaberei bei Interpretationen des Rechts 71

dürfte Gesetzesverbundenheit hervorgehen, zu weiteren Dimensionen der Worte führend, die der Jurist Goethe seinen Mephisto sagen läßt (I, 4), wenn er sich über „Rechtsgelehrsamkeit" ausläßt:

> Ich weiß, wie es um diese Lehre steht.
> Es erben sich Gesetz' und Rechte
> Wie eine ew'ge Krankheit fort;
> Sie schleppen von Geschlecht sich zum Geschlechte
> Und rücken sacht von Ort zu Ort.
> Vernunft wird Unsinn, Wohltat Plage;
> Weh dir, daß du ein Enkel bist!
> Vom Rechte, das mit uns geboren ist,
> Von dem ist, leider! nie die Frage.

Denn im Zeitalter der Gesetzesmachereien, das diese an des Autors Zeit in Straßburg und beim Reichskammergericht in Wetzlar erinnernden Verse wohl herbeisehnen, mußte es ja so kommen, daß die Vernunft immer neuer Gesetze durch deren stetes Ersetzen immer mehr als Unsinn angesehen wurde, ihre vermeintlichen Wohltaten als Plage und dabei nicht einmal nach ererbten Gesetzen und Rechten gefragt wurde, geschweige denn nach (göttlichem) Naturrecht, das Menschen von Geburt an gehört und nach dem sie ihr Leben lang Ansprüche stellen können als (göttliche) natürliche Wesen, sehe man alles nun als Schöpfung Gottes oder der Natur.[7]

---

beklagte, daß der Zustand der Notstandsgesetze in Deutschland zum Rechtsnotstand geführt hat. Gesetzesdämmerung, in Juristische Wochenschrift, LIII (1924), 245. Für eine neue Sicht, Pablo Lucas Verdú, La lucha contra el positivismo jurídico en la republica de Weimar, Madrid, 1987.

[7] Vgl. meinen Beitrag zur vierten, von im Ausland tätigen Autoren verfaßten Festschrift für Carl Schmitt zu seinem 90. Geburtstag, Rights, Riots, Crimes: On an Aspect of Carl Schmitt's Relevance for Today's Liberal Democracies, in Miroir de Carl Schmitt, Revue Européenne des Sciences Sociales et Cahiers Vilfredo Pareto, XVI (1978), 77, sowie den zur dritten Festschrift für Hayek zur Vollendung seines 80. Lebensjahres, From the Constitution of Liberty to its Deconstruction by Liberalistic Dissipation, Disintegration, Disassociation, Disorder, in Ordo, XXX (1979), 177. Von den

Um so mehr wurde im Zeitalter der Gesetzgebungen, der „lois qui tuent et qui sont tuées", der Gesetze, die töten und dann ihrerseits wieder von neuen getötet werden im ewig rechthaberischen Kampf ums Recht, in dem jeder sein Recht haben will in einer Weise, die über die, welche Jhering propagierte, weit hinausgeht, infolge nicht ablassender Nachfrage nach neuen Gesetzen gefragt. Dabei blieb, obwohl vermeintliches Recht immer mehr gehetzt gesetzt wurde, hin und wieder hoffnungsvoll nicht unbeachtet, wie sich moderne Gesetzesmacherei denn zum Naturrecht und dem geschichtlich gewachsenen Recht verhält. Doch es scheint, als ob die Hoffnung trug.

---

beiden großen, ihr wissenschaftliches Werk gegenseitig respektierenden Beobachtern des Liberalismus schaute Hayek diesen wohl eher, während Schmitt ihn eher durchschaute.

## V.

Alles Recht kann von allen Rechthabern gemacht werden und inhaltlich jede Art von Rechthaberei zeigen. Besonders deutlich erscheint das bei modernen Gesetzen – wie auch beim rechts- und gesetzwidrigen Verhalten.

Dieses besonders deutliche Erscheinen sollte nun jedoch nicht allein darauf zurückgeführt werden, daß es seit geraumer Zeit durch immer schnellere Normsetzungen und Normverletzungen die Aufmerksamkeit auf sich lenkte. Wichtig wie Naheliegendes zur Meisterung von Gegenwart und Zukunft ist, sollte man sich davor hüten, der Tücke historischer Nähe zu erliegen. Jacob Burckhardt warnte in seinen Weltgeschichtlichen Betrachtungen, man sähe nähere Ereignisse größer als weiter entfernt liegende. So gebietet es sich, nicht außer acht zu lassen, wie es denn um das Naturrecht und das geschichtlich gewachsene Recht stand und die Frage aufzuwerfen, ob denn auch hier alle Recht machen und ihm jeden Inhalt geben konnten.

Rousseaus Äußerung, der Mensch sei frei geboren, und die Jeffersons, alle Menschen seien gleich geboren, gehören zu den bekanntesten Sätzen der Neuzeit. Im Sinne der Aufklärung sind sie als Bekenntnisse zu einem Naturrecht gesehen worden, das allen Menschen umfassende Menschenrechte verleiht. Solche Ausrufe sind aus der Begeisterung ihrer Zeit heraus verständlich, wenn auch ein begeisterungsfähiger Dichter wie Schiller sich in seinem Lied an die Freude vorsichtiger damit begnügte, lediglich zu sagen, alle Menschen würden unter bestimmten Voraussetzungen Brüder. Ob sein Gebrauch des Wortes „werden" nun lediglich auf die von Salvador de Madariaga betonte Eigenart der deutschen Sprache zurückzuführen ist, soll hier nicht untersucht werden.[1] Jedenfalls dürfen die Äußerungen Rousseaus und Jeffersons nicht darüber hinwegtäuschen, daß ihrer Natur nach die Menschen weder alle frei noch gleich sind. Ihre Freiheit und Gleichheit ist vielmehr eine von der Natur bedingte und von ihr begrenzte. Neben biologischen Faktoren gibt es da solche der Umwelt, wie sie Bodin und Montesquieu betonten, in die Menschen nicht erst seit Heidegger geworfen wurden. Sie alle machen das Naturell des Menschen aus. Infolge ihrer Verschiedenheit in den verschiedenen Teilen des Erdballs werden sich die Menschen in verschiedenen Situationen befinden und verschiedenen Behandlungen ausgesetzt sehen. Insofern ist der Mensch nicht nur geworfen, sondern ausgesetzt, wenn auch nicht notwendig in der Art, wie dies in Sparta geschah.

Das hat seine Folgen. Der Mensch wird sich seiner spezifischen Lage bewußt. Das Individuum erfährt seine Individualität. Mit ihr beginnt es, sich mit anderen zu vergleichen. Sein Freiheitssinn wird wach und mit ihm der Wunsch nach Freiheit, nach immer mehr und mehr Freiheit, einer Freiheit, wie das Individuum und es allein sie sieht, wie sie seinem, und nur seinem eigenen Wesen entspricht. Mit ihr entdeckt der Mensch sein nur ihm allein eignendes natürliches Recht, sein ihm von Natur aus gegebenes Recht, sein ihm zustehendes und von ihm allein zu interpretierendes. Wie immer auch Theisten, Deisten und andere Naturrechtler ihren diversen Arten von Naturrecht den Vorzug geben mochten, sollte nicht übersehen werden, daß letzten Endes jedem einzelnen Menschen nur seine ihm inhärente Natur zeigen kann, was das Naturrecht ist. Wenn man vom wechselnden Inhalt des Naturrechts spricht, gibt man ja zu, daß es ein einziges Naturrecht, das Allgemeingültigkeit beanspruchen kann, nicht gibt. Wie zahlreich

---

[1] Portrait of Europe, neue Edition, University, Alabama, 1967, 83.

aber die Auffassungen und Schulen des Naturrechts sein mögen: sie alle kommen nicht um die Wahrheit herum, daß der Mensch selbst aufgrund seiner Eigenart sein natürliches Sein bestimmt. Mächtig wie die Natur ihm gegenübersteht und schmächtig wie er sich dabei vorkommen mag, kann er sich doch seines eigenen Naturrechts bemächtigen und es rechthaberisch geltend machen. Das ist die Lage eines jeden. Sie bezeichnet einen Dauerzustand.

Daraus erhellt, daß sie in jeder historischen Situation dieselbe ist, denn Ereignisse zeigen jeweils lediglich Veränderungen der Umwelt. Der Mensch mag sich seiner Natur gemäß veränderten Situationen anpassen; sein Naturell verliert er dadurch nicht. Er fährt fort, getreu seinem Wesen zu wesen. Sein natürliches Recht wird er nicht aufgeben. Für ihn dauert das Naturrecht, wie er es als sein Naturrecht sieht, in jeder Situation an. Immer ist ihm dieses das Zeitgemäße.

Das schließt nicht aus, daß er bei ihn betreffenden Rechtsnormen zu der Ansicht gelangt, sie seien mit dem, was er als sein natürliches Recht ansieht, durchaus vereinbar. Besonders dürfte sich das beim historisch gewachsenen Recht erweisen, weil bei ihm die Vermutung dafür spricht, daß einmal als zeitgemäß empfundenes Recht, soweit es lange den Segen der Zeit bekam, auch den Segen des Zeitlosen, den Segen Gottes haben müßte. So ist es dem einzelnen möglich, geschichtlich gewachsenes Recht als sein natürliches Recht zu sehen und den oft betonten Gegensatz zum Naturrecht zu ignorieren. Wie vorbehaltlos er aber das Gewohnheitsrecht auch anerkennen mag, wird sein individuelles natürliches Wesen nicht dauernd aufgegeben. Das würde mit dem Dauerzustand, nach dem der Mensch sein eigener Herr der ihm eigenen Auffassung seines natürlichen Rechts ist, ebensowenig vereinbar sein wie mit der Idee seiner unveräußerlichen Rechte. Deren aber dürfte er gewahr bleiben. Denn wenn im Menschen der Sinn für die

Freiheit erst einmal erweckt ist, kann dieser hin und wieder zwar schlummern, aber er bleibt doch am Leben. Trotz allen Mitmachens, seiner Einfügung in Gemeinschaften bis hin zum Staat bleibt der einzelne natürlicherweise ein Individuum, das seine spezifische Situation von sich aus sieht, entsprechend bewertet und rechthaberisch geltend macht. Ein solches Geltendmachen ist etwas ganz Individuelles und daher egozentrisch. Es braucht deshalb nicht egoistisch zu sein.

In einem Gemeinwesen trifft das auf Herrscher wie Beherrschte zu. Jeder gibt sich seinem natürlichen Wesen entsprechend, wie oft sein Verhalten auch gekünstelt erscheinen mag. Vor den modernen demokratischen Revolutionen, als das Gewohnheitsrecht vorherrschte, konnten romfreundliche katholische Könige in Spanien die Inquisition gutheißen; konnte Heinrich VIII. in seinem Streben nach mehr Freiheit seine früheren Frauen hinrichten lassen und sich und sein Land von Rom trennen; Jakob I. nach der Art des „divine right of kings" regieren, Ludwig XIV. sich in dem Glauben sonnen, er sei der Staat, und Friedrich der Große sich als erster Diener des Staates sehen. Sie alle konnten ihr bestimmtes, ihnen eigenes Regierungsprogramm durchsetzen, ihm mehr oder weniger frönen, wenn sie damit ihren Untertanen auch Frondienste auferlegten. So gab es in England beispielsweise den Merkantilismus, in Frankreich den Colbertismus, in Preußen den Kameralismus. Die mochten die Kasse des Monarchen füllen und sein Freiheitsgefühl steigern. Der Freiheit der Untertanen waren sie weniger zuträglich, wie vieles andere auch, mit dem absolute Herrscher sie belasteten, bis ihnen derartige Belastungen endlich zu lästig wurden und sie revoltierten. Es kam zu den liberaldemokratischen Revolutionen in England, Amerika und Frankreich. Liberaldemokratische Revolutionen: dieser Ausdruck drückt einiges aus. Er spricht vom Liberalen, vom Demokratischen und von den von diesen genährten Revolutionen. Das kann man in zweierlei Sicht sehen. Einmal im Sinn der als Liberalismus bekannten, im Grunde abgeschlossenen historischen Bewegung, die etwa mit Locke begann, im 19. Jahrhundert ihren Höhepunkt erreichte und oft als klassischer Liberalismus bezeichnet wird. Sodann aber auch in dem fortlaufender, mehr oder weniger revolutionärer Freiheitsbegehren mit unablässigen Freibeutereien zum Wohle und Verderben der Menschheit.

Erstere Interpretation entspricht im großen und ganzen der politische Philosophie Lockes, die sowohl die zurückliegende liberaldemokratische Englische Revolution verteidigte als auch die kommende liberaldemokratische Amerikanische Revolution rechtfertigte. Sie hat die moderne Bewegung des Liberalismus auf hervorragende Weise mit ins Leben gerufen. Ihre Formel ist einfach: Im Naturzustand Lebende finden sich trotz existierender moralischer Imperative nicht sicher. Daher sind sie willens, einen Teil ihrer weitgehenden Freiheiten aufzugeben. Sie errichten eine Regierung, damit diese ihre ihnen verbleibenden Rechte an Leben, Freiheit und Eigentum schützt. Sie ist ein repräsentatives Selfgovernment, unter dem erwartet werden kann, daß die Delegierten des Volkes dieses nicht unterdrücken, ein „trust". Sollte sie die Menschen drangsalieren und sollten deren Petitionen um Abhilfe unbeachtet bleiben, gibt es ein Recht, sie durch eine andere zu ersetzen.[2] Diese Art Revolution ist eigentlich ein Geschehen, das der Revolte der Barone von 1215 vergleichbar ist.

Die Einstufung der englischen Whig Revolution als „diffidatio" sowie auch der Amerikanischen Revolution als Fortsetzung derselben deutet auf eine gewisse Rechtmäßig-

---

[2] Die Verbindung von „trust" und dem Recht des Volkes, bei einem Bruch des in die Regierung gesetzten Vertrauens diese abzusetzen, ist in Lockes zweiter Abhandlung über das Regierungswesen besonders deutlich in den Paragraphen 240 und 242.

keit dieser Ereignisse. Wie seinerzeit in Runnymede wurde hier revoltiert, weil der Herrscher seinen vermeintlichen Verpflichtungen gegenüber den Beherrschten nicht nachkam. Dem bedeutenden Satz „pacta sunt servanda" wurde damit alle Ehre gemacht. Es gab kaum ein Streunen zum Permissiven hin, zu liberaldemokratischer Zucht- und Zügellosigkeit, zu wirklich revolutionärem Liberaldemokratischen. Dennoch kann man nicht behaupten, es habe keinerlei Anzeichen in dieser Richtung gegeben. Lockes Betonung der Mehrheitsherrschaft, der Legislative als stärkster Gewalt sowie Blackstones und J. L. de Lolmes Herausheben der Autorität des britischen Parlaments trotz allem Haltgebieten vor den Rechten der einzelnen wiesen bei der von Acton behaupteten Bestechlichkeit von Machthabern auf die Möglichkeit, daß Gesetzgeber zum Permissiven hin treiben. Diese gefährliche Öffnung wurde noch dadurch unterstrichen, daß die genannten Autoren Cokes Bemerkung in Dr. Bonham's Case (1610) ignorierten, das Common law würde Parlamentsakte kontrollieren und sie manchmal als völlig nichtig beurteilen, weil sie allgemeinem Recht und allgemeiner Vernunft entgegenstehen. Das konnte als bewußte Abkehr vom bewährten Gewohnheitsrecht gesehen werden.

Diese Abkehr zeigte sich schon, als Jefferson in der Unabhängigkeitserklärung den Lockeschen Ausdruck „Leben, Freiheit und Eigentum" durch „Leben, Freiheit und den Verfolg des Glücks" ersetzte. Sie erwies sich auch bald in einigen der unabhängig gewordenen amerikanischen Staaten, als dort Gesetze verabschiedet wurden, die trotz aller Beteuerungen der Menschenrechte diese Rechte mißachteten, obwohl die amerikanischen Kolonisten doch gerade erst ihren Kampf mit dem Mutterland um diese Rechte geführt hatten. All das deutete auch eine Abkehr von dem Gedanken an, die Amerikanische Revolution sei nichts als eine moderne Version der mittelalterlichen „diffidatio".

## V. Rechthaberisches Herausfordern des Rechts 79

Dies wurde noch dadurch hervorgehoben, daß John Adams, von dem infolge seines Konservatismus hätte erwartet werden können, daß er den bewahrenden Charakter der Amerikanischen Revolution hervorheben würde, im Gegenteil deren Radikalismus betonte und auch ein anderer Konservativer, Dr. Benjamin Rush, in ihr etwas Andauerndes sah. Im Januar 1787, als John Adams seine bekannte Antwort an Turgot, „Defence of the Constitutions of Government of the United States of America", schrieb, sagte er: „Nichts ist gebräuchlicher, als die Amerikanische Revolution mit dem der Vergangenheit angehörenden Amerikanischen Krieg zu verwechseln. Der Amerikanische Krieg ist vorbei, aber das ist keineswegs der Fall mit der Amerikanischen Revolution. Im Gegenteil: nichts als der erste Akt des großen Dramas ist zu Ende. Es bleibt die Aufgabe, unsere neuen Regierungsformen zu etablieren und zu verbessern und die Prinzipien, Moral und Manieren unserer Bürger für diese zu präparieren, nachdem sie errichtet und perfekt gemacht worden sind ... DIE REVOLUTION IST NICHT VORÜBER."[3]

Nun ist bekannt, daß Rush ähnlich wie Adams daran gelegen war, die sich oft in gesetzgeberischen Ereiferungen äußernde Hitze der Revolution abzukühlen und die Amerikaner zu vernünftigem Maßhalten aufzurufen. Wie oben dargelegt, arbeitete die verfassunggebende Versammlung in Philadelphia dann wenige Monate später auch in dieser Richtung. Aber wie konservativ die von ihr zustande gebrachte Bundesverfassung auch sein mochte: sie war doch liberaldemokratisch. So war es fraglich, ob sie angesichts der andauernden Amerikanischen Revolution natürlichen

---

[3] Niles, a. a. O., 402. Dieselbe Ansicht drückte Rush schon in seinem Brief an Richard Price vom 25. Mai 1786 aus. Lyman H. Butterfield (Hrsg.), Letters of Benjamin Rush, Princeton, 1951, 388. Am 4. Juli 1787 nahm Joel Barlow bei einer Rede in Hartford, Connecticut, die gleiche Stellung ein. Niles, a. a. O., 386.

liberaldemokratischen Entwicklungen würde Einhalt gebieten können. Wir wissen heute, daß sie es nicht vermochte. Als 1951 die Herausgeber der Zeitschrift „Fortune" ein Buch mit dem Titel „U.S.A. The Permanent Revolution" veröffentlichten, war klar geworden, daß Liberales und Demokratisches im Land der unbegrenzten Möglichkeiten weit getrieben waren und, menschlichen Trieben entsprechend, mit wachsender Intensität auf rechthaberische Weise immer weiter treiben würden. Insofern wurde auch die Amerikanische Revolution zu einer Vollmacht zur ewigen Revision. Obwohl Kant ihre Monumentalität weniger erkannte als beim Geschehen in Frankreich, hätte er wohl gesagt, daß auch sie eine Anlage und ein Vermögen in der menschlichen Natur zum Besseren aufdeckte.

Es fragt sich jedoch, wie er heute diese weltbewegenden Ereignisse beurteilen würde. Sie werden bekanntlich als vom Naturrecht inspiriert und gerechtfertigt angesehen. Mit diesem Recht meint man, wie immer man es auslegen mochte, allgemein einen Begriff ethischer und moralischer Grundsätze, welche das Verhalten aller bestimmen sollten und, bei Revolutionen, das der Revoltierenden gegen Herrscher, weil letztere gegen solche Grundsätze verstoßen haben. Dieses Naturrecht in seinem Ganzen ist nun aber nicht notwendig das Recht, von dem Goethe als Mephisto sagte, es sei mit uns geboren. Und wenn Kant, der Bewunderer des Natürliches liebenden Autors des „Emile", von der Anlage und dem Vermögen in der menschlichen Natur zum Besseren sprach, dachte er vielleicht an Rousseaus markanten Satz, der Mensch sei frei geboren. Daraus, wie auch aus Jeffersons prägnanter Feststellung, alle Menschen seien gleich geschaffen, kann gefolgert werden, es gäbe jenes oben angezeigte individuell gesehene natürliche Recht eines jeden Individuums, sich so zu verhalten, wie es dies jeweils gerade für richtig hält. So wird das als Summe vieler Normen begriffene Naturrecht, dem viele Ehrerbietung zollen

## V. Rechthaberisches Herausfordern des Rechts

sollen, dem natürlichen Recht des einzelnen gegenübergestellt, sich aus der Masse dieser Normen gerade die auszuwählen, die er in der Laune und Berechnung des Augenblicks nutzen und ausnutzen will. Mit der Behauptung seines individuellen natürlichen Rechts macht der Mensch sich das Naturrecht sozusagen untertan, indem er es nach seinem eigenen Gutdünken, das auch Schlechtes wollen kann, relativiert und zu seinen Gunsten zurechtrückt, wie er es rechthaberisch eben gerade will. Bei solchen Gedanken hätte der Moralist Kant wahrscheinlich Zweifel gehegt, ob denn die Französische Revolution – wie auch die in Amerika – lediglich eine Anlage und ein Vermögen in der menschlichen Natur zum Besseren aufdeckte, oder aber des Menschen Anlage und Vermögen schlechthin, also auch zum Schlechteren. Das entspräche dann Schellings Ansicht, die Freiheit sei „ein Vermögen des Guten und des Bösen" – mit allen Konsequenzen individueller, sich dem reinen Liberalismus nähernden Praktiken und deren ins Recht umgesetzte Rechthabereien, gegen die der klassische Liberale aus Königsberg zu Felde zog. Auch Heidegger dürfte über sie seine Zweifel gehabt haben, wenn man seine Ansicht über das eben zitierte Wort Schellings bedenkt. Wir haben sie erlebt.

Sie haben sich auf vielerlei Art gezeigt, denn dem von irgendwelchen Hemmungen freien reinen Freiheitsdrang sind ja keine Grenzen gesetzt. So konnte Marx den mit seiner Hilfe befreiten Proletariern einen Freipaß geben, in ihrer Diktatur rechthaberisch Recht zu setzen als Vergeltung dafür, daß ja auch die herrschende kapitalistische Bourgeoisie dem Proletariat auf diese Weise Recht aufgezwungen hat. Ähnlich konnten Faschisten und Nationalsozialisten, ebenfalls den klassischen Liberalismus bekämpfend, ihre Rechthabereien in Gesetze umsetzen, wie sie sich im Kampf um die Macht auch damit hervorgetan haben mochten, im Unterschied zu den Kommunisten legal die Regierung bilden zu wollen. Unter all diesen Diktaturen hörte man oft, Recht sei, was dem Volke nutzt. Mit dieser schon von den britischen Utilitaristen betonten These operierten in liberalen Demokratien ebenfalls revisionistische Marxisten und Anhänger des Wohlfahrtsstaates, wie Hayeks Buch über den Weg in die Knechtschaft zeigt.

Auch im klassischen Liberalismus gab es so manches Rechthaberische, das seinen Weg in Gesetze, in deren Auslegung und Ausführung fand. Wilhelm Röpke hat seinen Zweifeln hierüber Ausdruck verliehen.[4] Hier muß man, z. B. in der freien Marktwirtschaft, darauf achten, daß sie sich nicht, wie früher die Manchester-Schule, in individualistisch-rechthaberischer Weise von dem maßvollen Adam Smith abwenden. Und was Staatsformen angeht, darf nicht vergessen werden, daß Rechtsstaat, sozialer Rechtsstaat wie auch Sozialstaat in verschiedenen Varianten erschienen sind. In allen aber war klar: was immer ihr Recht und ihr Rechtsetzen gewesen sein mag, stets gingen ihnen Rechthabereien voraus, die bestehendes Recht durch neues ersetzen wollten. Oft geschah dies unter Mißachtung bewährter Festen des Rechts wie „pacta sunt servanda", so daß man sich fragt, ob denn ein Gesetz, welches Verletzungen dieses Satzes ohne „rebus sic stantibus" erlaubt, nicht ebenso zu verbieten wäre wie strafrechtlich rückwirkende Gesetze.[5]

Unerfreulich wie das Aufweichen des Rechts aufgrund immer neuer legislativer, exekutiver und richterlicher Rechthabereien sowie deren Kommentatoren und Rezen-

---

[4] Maß und Mitte, Erlenbach / Zürich, 1950; Borgkauf im Lichte sozialethischer Kritik, Köln, 1954; Vorgegessen Brot, Köln, 1955; Jenseits von Angebot und Nachfrage, Erlenbach / Zürich, 1958; Torheiten der Zeit, Erlenbach / Zürich, 1966.

[5] Jhering, Kampf ums Recht, 73: „Das Privatrecht, nicht das Staatsrecht ist die wahre Schule der politischen Entwicklung eines Volkes, und will man wissen, wie dasselbe erforderlichen Falls seine politischen Rechte und seine völkerrechtliche Stellung vertheidigen wird, so sehe man zu, wie der Einzelne im Privatleben sein eigenes Recht behauptet."

senten oft erschien, mochte alles noch angehen, solange innerhalb einer Gemeinschaft eine gewisse Ordnung verblieb, die in liberalen Demokratien meist auf dem Willen der Mehrheit beruht. Gefährlich wird es dagegen, wenn dieser Wille mißachtet wird. Liberale Demokratien erschienen gesichert, wenn Minderheiten die Herrschaft der Mehrheit anerkannten, wie es z. B. der Fall war, als Eigentümer sie belastende soziale Gesetze respektierten, weil sie eben gute Bürger sein wollten. Wenn Minoritäten dagegen mit gesetzesverletzenden Rechthabereien gewalttätig werden, wie in Amerika in den fünfziger und sechziger Jahren und erst im Frühjahr 1992 wieder in Los Angeles sowie 1993 in Solingen, so bricht jene Hölle auf, die Daniel Patrick Moynihan kürzlich beklagte.[6]

Übertreten aber rechthaberische Gruppen die Gesetze, dürfte das einzelne dazu anregen, sich ähnlich zu benehmen und der Anarchie den Weg zu bahnen. Auch sie werden auf ihr angeborenes natürliches Recht pochen, gleich und frei zu sein. Erstaunlich ist das kaum angesichts der Prognosen Hegels und de Tocquevilles, die Menschen trieben zu immer mehr Freiheit und Gleichheit – womit sie sich dem reinen Liberalismus immer mehr nähern. Voegelins Vorstellung, die Ordnung der Geschichte ginge aus der Geschichte der Ordnung hervor,[7] wäre dann widerlegt. Auf diesem Wege könnte die liberale Demokratie, von der man sich in Amerika das ewige Paradies auf Erden erhoffte,[8] die letzte Etappe zum totalen Ordnungsverfall sein. In der ihr nicht nur von Fukuyama optimistisch zugeschriebenen Permanenz ist sie nämlich, besonders in den Vereinigten Staaten,

---

[6] Pandaemonium: Ethnicity in International Politics, Oxford, 1993.

[7] Order and History, Baton Rouge, Louisiana, 1956, I, erster Satz: „The order of history emerges from the history of order."

[8] Francis Fukuyama, The End of History and the Last Man, New York, 1992. Meine Kritik in American Democracy: Aspects of Practical Liberalism, Baltimore, 1993, 261 f.

der dauernden Amerikanischen Revolution zum Verfolg des Glücks vergleichbar. Der aber scheinen mit dem Anwachsen des Liberalen und des Demokratischen rechthaberische Wechseleien auf Kosten der Stabilität immer immanenter geworden zu sein. Und das trotz der Tatsache, daß infolge des bundesstaatlichen Charakters der Verfassung die zweite gesetzgeberische Kammer in Amerika noch nicht, wie in anderen Ländern, zu einer zweitrangigen reduziert wurde und so immer noch hemmend auf die Gesetzgebung einwirken kann.

Da das, was einmal als amerikanischer Schmelztiegel gepriesen wurde, von Desintegrationen bedroht ist, die heute weit gefährlicher sind als die früher von André Siegfried beschriebenen,[9] erscheint dort ein Abgleiten zur Anarchie immer wahrscheinlicher. Das überrascht kaum. Der Liberalismus ist vornehmlich etwas Westliches. So kann erwartet werden, daß die westlichste liberale Demokratie als Land der Freien und der unbegrenzten Möglichkeiten zum „pursuit of happiness" dem reinen Liberalismus näher kommt als andere liberale Demokratien. Daher dürfte es dort besonders viele – oft opportunistische – „opportunities" für Rechthabereien geben und für die aus ihnen resultierenden Auflösungserscheinungen. Deren Gruppencharakter hat in letzter Zeit seine Gefährlichkeit auf derart eindringliche Weise gezeigt, daß man sich fragt, ob denn die ethnisch motivierten vertikalen Desintegrationen in der Sowjetunion und in Jugoslawien in Amerika noch in diesem Jahrzehnt von horizontalen gefolgt werden. De Tocquevilles bekann-

---

[9] Gleich in den ersten beiden Kapiteln seines Les Etats-Unis d'aujourd'hui, Paris, 1927, befaßt sich Siegfried mit den verschiedensten eingewanderten Gruppen, als ob er die ethnische Buntheit Amerikas hervorheben wollte. Vgl. das Kapitel Heterogenität und Melting Pot in meinem Amerikanische Demokratie, 33; Arthur M. Schlesinger, Jr., The Disuniting of America: Reflections on a Multicultural Society, Knoxville, Tennessee, 1991; Andrew Hacker, Two Nations: Black and White, Separate, Hostile, Unequal, New York, 1992.

te Voraussage am Ende des ersten Bandes seines Werkes über die Demokratie in Amerika, im 20. Jahrhundert würden Rußland und die Vereinigten Staaten die bedeutendsten Mächte sein, würde sich dann bewahrheiten.

Tocqueville schrieb bekanntlich auch, Amerikaner tendierten dahin, Gruppen zu bilden und sich solchen anzuschließen. Offenbar fanden zu seiner Zeit Gruppen und deren Verhalten Beachtung.[10] Das hat sich bis heute nicht geändert. Und während von „joiners" erwartet werden kann, daß sie sich der Gruppe unterordnen, trifft das wohl vor allem dann zu, wenn diese die Rechtsordnung anerkennt. Ist das nicht der Fall, dürfte die Zugehörigkeit zu einer Gruppe bei den einzelnen den Appetit auf eigenmächtiges Revoltieren gegen die bestehende Ordnung anregen – besonders dann, wenn die Gruppe, wie oft bei ethnischen Minderheiten, nicht weiter organisiert ist. Die Gefahr einer Desintegration aufgrund solcher Gruppen dürfte daher bei steigender individueller Kriminalität zu einer wachsenden, sich ausbreitenden Gefahr für Recht und Ordnung werden.

Obwohl gerade in der westlichsten der westlichen liberalen Demokratien diese Probleme besonders an den Tag treten, sind auch andere liberale Demokratien von ihnen nicht verschont. Man braucht fürwahr nicht nach der Neuen Welt zu schauen, um dessen gewahr zu sein, obwohl Max Weber bereits 1919 in seinem Vortrag über Wissenschaft als Beruf ein solches Schauen mit seinen Folgen voraussah.[11] Angesichts weithin sichtbarer Ausuferungen des Liberalde-

---

10 A.a. O., I, Kap. 12.
11 Weber sah in der Berufung des Wissenschaftlers etwa das, was Fichte als die Bestimmung des Gelehrten betrachtete: die Verpflichtung, mit äußerster Hingabe der Wahrheit zu dienen, ein der Menschheit dienendes Unterfangen, dem auch der Tod nichts anhaben kann. Seine Bemerkung, unsere Universitäten, wie unser Leben überhaupt, amerikanisierten sich, erwies sich besonders ab 1945 als treffsicher. Wissenschaft als Beruf, 7. Aufl., Berlin, 1984, 7.

mokratischen wird man vielleicht immer noch die Frage wagen, ob Vertreter des sogenannten klassischen Liberalismus mit seinem properen Liberalismus im Gegensatz zum „liberalism proper", dem Liberalismus schlechthin, dem eigentlichen, reinen Liberalismus, eine gewisse Abhilfe schaffen können. Die aber dürfte wohl eher im Sinne des Befreiers von Königsberg als des Befreiers von Monticello möglich sein, da auf letzteren doch viele dieser Ausuferungen zurückgeführt werden können. Im Sinne der permanenten Amerikanischen Revolution träumte er den „American Dream" ohne vielleicht zu ahnen, wohin alles gehen und wie weit alles treiben würde und ob der Traum endlich zu einem Trauma werden könnte.[12]

Ich habe in der vorliegenden Arbeit versucht zu zeigen, daß alle Arten des Rechts – Naturrecht, Gewohnheitsrecht, gesetztes Recht mit seinen Verordnungen und Anordnungen – der Behauptung nicht entgehen können, ihnen allen ginge Rechthaberei voraus. Wird aber das erst einmal gesehen und damit der Rechtsbegriff begriffen, braucht man sich nicht zu wundern, wenn einzelne, den Versuchungen des Liberalismus erliegend, auf jeweils opportune Weise ihre eigene Rechtspolitik treiben. Da fragt man sich dann, wohin alles treiben wird, nachdem der Deismus gefolgt wurde von Zweifeln an Gott. Diese Versuchungen können liberalerweise vom Anarchischen bis zum Diktatorischen treiben. Ihr Wesen wird ganz individuell individualistisch bestimmt. Den enormen Möglichkeiten und Spannen des Freiheitsdranges bewußt, dürften sich immer mehr Menschen sagen: wenn alles Recht, vom göttlichen bis hin zum

---

[12] Am 1. August 1816 schrieb Jefferson an John Adams: „I like the dreams of the future better than the history of the past, – so good night! I will dream on ..." Andrew A. Lipscomb (Hrsg.): The Writings of Thomas Jefferson, Washington, 1903 - 04, XV, 59. Vgl. Richard C. Cornuelle, Reclaiming the American Dream, New York, 1965, sowie in meinem Buch: Amerikanische Demokratie besonders den Abschluß über amerikanische Träume und Alpträume.

allzu menschlichen der Anordnung und des bloßen Befehls, auf weiter nichts als Rechthaberei beruht, dann können wir einzelnen durchaus geruhen, entsprechend unserem natürlichen Menschenrecht uns selbst unser eigenes Recht zu schaffen, unruhig wie dies auch häufig geschehen mag.

Das alles mochte noch angehen, solange Regierungen Recht setzten oder anerkannten, schien doch wenigstens die Gewißheit einer gesetzlichen Ordnung, so widerwärtig sie auch erscheinen mochte, da zu sein. Sobald aber anarchische Bestrebungen, denen in unserem Zeitalter liberaler Demokratien eher der Weg gebahnt scheint als monarchischen, zu ihrem Ziel gelangen, dürfte es zur Freiheit des Dschungels mit all ihren Ungewißheiten und Unsicherheiten kommen. Eine „volonté de tous" würde dann die „volonté générale" an die Wand drücken, eine „plenitudo libertatis" als weiter Schrei von ihrem Vorfahren, der „Magna Carta Libertatum", die „auctoritas". Der „bellum omnium contra omnes" wäre da und die Politik des Liberalismus wohl an ihrem Endziel und Ende angekommen, vielleicht ihre Verkommenheit demonstrierend.

Hier kann man schließen: sowohl die Schöpfung als auch der Untergang des Rechts gründen sich auf Rechthaberei.

## VI.

Die Feststellung, daß Schöpfung und Untergang des Rechts auf Rechthaberei beruhen, mag treffend sein. Froh macht sie nicht angesichts der Tatsache, daß Rechthaberei sogar dann Makel zeigen kann, wenn um ein gesetzlich festgelegtes Recht gekämpft wird. Da dies nur ein ethisches Minimum ist, kann man über seine Inanspruchnahme berechtigte Zweifel hegen: sogar die berechtigtste Rechthaberei kann mit einem Odium behaftet sein. Andererseits hat Rechthaberei selbst dort, wo sie am fragwürdigsten erscheint, nämlich de lege ferenda, Gutes hervorgebracht, denken wir nur an die Befreiungsgesetzgebung der Stein-Hardenbergschen Reformen.

Aber eine Feststellung braucht keine Festlegung zu sein. Bringen gesetzliche Änderungen auch nicht immer Besseres hervor, kann es ohne Änderung doch nichts Besseres geben. So ist meine Feststellung keine Feste, auf die ich mich zu bloßer Behauptung des Festgestellten zurückziehen will. Sie ist eher eine feste Burg im Sinne Luthers, die mit Wehr und Waffen nach Besserem strebt. Dieser Plan beruht auf der Erwägung, daß sich die Wahrscheinlichkeit übler Rechthabereien im Zeitalter der Gesetzgebungen erhöhte, weil neue Gesetze, Verordnungen, Anordnungen, Erlasse, Maßnahmen usw. im Gegensatz zum historisch allmählich gewachsenen Recht immer weniger vermuten ließen, sie hätten den Segen Gottes. Obwohl man nicht vergessen darf, daß Recht nicht nur der Gerechtigkeit, sondern auch der Sicherheit zu dienen hat, kann man doch Zweifel an vielen seiner Aspekte haben, die uns unser Jahrhundert beschert hat. Das erscheint besonders klar bei ausgesprochen

## VI. Überwindung der Rechthaberei im Recht

grausamen Regeln und Regulierungen, wie wir sie in Diktaturen erlebten. Es ist aber auch ersichtlich in so manchen Gesetzen, die in liberalen Demokratien zustande kamen, ob sie nun von der Mehrheit der Minderheit aufgezwungen wurden oder, wenn auch nur de facto, von der Minderheit der Mehrheit, auf welche Weise und mit welchen Folgen dies auch immer geschehen mochte.[1]

Aus der Aufklärung hervorgegangene Gesetzgebungen wurden, jedenfalls von (oft vernünftelnden) Aufklärern, als vernünftig und daher als gut erachtet. Kant, selbst ein Kind der Aufklärung, schob derartigen Konstruktionen einen Riegel vor. Nach Thomas Mann fand Goethe, daß „die Welt, durch Vernunft dividiert, nicht aufgeht",[2] und in dessen Maximen und Reflexionen ist zu lesen, daß „Gesetzgeber und Revolutionäre, die Gleichsein und Freiheit zugleich versprechen, Phantasten oder Charlatans sind." Folgt man nun der Ansicht Hegels, nach der das, was ist, vernünftig ist,[3] ist es vielleicht der List der Vernunft zu danken, daß die Aufklärung die beschriebene Gesetzgebungsmaschinerie hervorbrachte, ob deren Hebel nun von einzelnen oder vielen in Bewegung gesetzt wurden, die ihres Amtes nach jeweiligem Dafürhalten gewissenhaft und gewissenlos walteten. Man könnte dann Trost finden in der Tröstung Heideggers in schwerer, hoffnungslos erscheinen-

---

[1] Über amerikanische Bürgerrechtsgesetze, daselbst, 97 f., 251 f., auch mein America's Political Dilemma: From Limited to Unlimited Democracy, Baltimore, 1968, 97 ff. Das Kapitel trägt die Überschrift „National Power and ‚Civil' Rights Emergent".

[2] Goethe und die Demokratie (1949), in Schriften und Reden zur Literatur, Kunst und Philosophie, Frankfurt / Hamburg, 1968, III, 221. Vgl. die Eintragung Eckermanns vom 15. Okt. 1825, nach der Goethe sagte: „Und dann, was wissen wir denn, und wie weit reichen wir denn mit all unserem Witze! ... Die Vernunft des Menschen und die Vernunft der Gottheit sind zwei sehr verschiedene Dinge."

[3] Eduard Gans (Hrsg.), Philosophie des Rechts oder Naturrecht und Staatswissenschaft im Grundrisse, Berlin, 1833, 17.

der Zeit. Er, der an der Scholle hing, die Hegel und Schelling, Schiller und Hölderlin hervorgebracht hatte, schrieb 1945 einem Kollegen: „Alles denkt jetzt den Untergang. Wir Deutschen können deshalb nicht untergehen, weil wir noch gar nicht aufgegangen sind und erst durch die Nacht hindurch müssen." Parallel darf man vielleicht wagen zu sagen, bei einem infolge von Gesetzesfluten kommenden „summum ius, summa iniuria" sollten wir nicht verzagen, weil wir erst durch die „summa iniuria" hindurch müssen, um zum „summum ius" zu gelangen. Vielleicht muß das Schlimme rechthaberischer Gesetze erfahren werden, damit man, geläutert, zum guten Recht vordringen kann. Ich sage „vordringen", nicht „zurückfinden". Denn obwohl Naturrecht und Gewohnheitsrecht allgemein als besser erschienen sind als gesetzgeberisches, haben sie das eigentlich Rechte bisher doch wohl nicht erreicht, weil auch ihnen Rechthaberisches anhaftete. Aber das Rechte sollte von Rechthaberei frei sein. Von einer Theorie des Zwecks im Recht sollte man dahin gelangen, den Zweck des Rechts darin zu sehen, den (immer rechthaberischen) Kampf ums Recht – den das Wachsen des Pluralismus intensivieren dürfte – unnötig zu machen, also in einer Überwindung des Rechthaberischen zum Wohle des Rechten im Unterschied zum bloßen Recht. Hierin sehe ich eine vornehmliche Aufgabe für die Rechtswissenschaft, mit deren Befassung sie ihre Lage noch über das von Carl Schmitt Gewünschte verbessern könnte.

Wissenschaft ist nicht nur Wissen um das, was Wissen schaffte. Das würde dem vom Verfasser der Wissenschaftslehre in seiner vierten Jenaer Vorlesung über die Bestimmung des Gelehrten stipulierten Imperativ widersprechen. Wissenschaft ist auch, was Wissen schafft.[4] *Research must*

---

[4] Vom Menschen sprechend, unterschied Fichte „die Wissenschaft aller seiner Triebe und Bedürfnisse, die geschehene Ausmessung seines ganzen Wesens" vom „Trieb im Menschen, *zu wissen,* und insbesondere dasjenige zu

*be followed by search.* Die Rechtswissenschaft darf sich nicht auf das festlegen, was bisher auf mehr oder weniger rechthaberische Weise geschafft wurde. Sie muß, dieses in Betracht ziehend, weiter schaffen. Wird sie es schaffen, daß man vom Rechthaberischen wegkommt und ohne es auskommt, daß man von der Reinen Rechtslehre und ihrer ethischen Leere zum reinen Recht im Sinne des Guten vordringt? Kann das ethische Minimum des Rechts zum Rechten im Sinne eines ethischen Maximums werden hier auf Erden? Das sind bangende, hoffende Fragen. Ob sie noch hoffärtig oder schon hoffähig sind, steht dahin.

Ihre Bejahung würde den alten Kant widerlegen, der die Menschen als nicht „e n g e l r e i n" sah und am Ende seines letzten Werkes unter der Überschrift „Vom Egoismus" Friedrich den Großen zitierte, der von *cette maudite race à laquelle nous appartenons* gesprochen hatte. Aber könnte eine solche Widerlegung nicht von daher kommen, daß der Verehrer von Rousseau gemeint haben mag, der Mensch sei deshalb nicht engelrein, weil er ein „Opfer des Gesetzes" ist,[5] – von Gesetzen, die, wie Madison im zehnten Essay des „Federalist" andeutete und Marx kraß behauptete, die Rechthaberei der Herrschenden den Beherrschten aufoktroyierte. Oder, wenn man diesem Determinismus nicht folgt, von Gesetzen, unter denen nach Goethe im Volke jeder rechthaberisch des anderen nicht schont, sei es unter einer Diktatur, in einer Anarchie oder in dazwischen liegenden Zuständen. Demnach müßte die Rechtswissenschaft

---

wissen, was ihm Noth tut." Nach ihm „würde die bloße *Kenntniß* der Anlagen und Bedürfnisse des Menschen, ohne die Wissenschaft sie *zu* entwickeln und *zu befriedigen*, nicht *nur* eine höchst traurige und niederschlagende; sie würde zugleich eine leere und völlig unnütze Kenntniß seyn." Später heißt es: „Gilt folgende Regel für alle Menschen, so gilt sie ganz besonders für den Gelehrten: der Gelehrte vergesse, was er gethan hat, sobald es gethan ist, und denke stets nur auf das, was er noch zu thun hat." Einige Vorlesungen über die Bestimmung des Gelehrten, Jena / Leipzig, 1794, 81 f., 89.

[5] Anthropologie, a. a. O., VII, 332 f., 259.

## VI. Überwindung der Rechthaberei im Recht

darauf hinarbeiten, daß das Rechthaberei voraussetzende Recht vom rechthaberfreien Rechten abgelöst wird. Ein solches Hinauswachsen über das Recht, ohne in die Anarchie zu verfallen, ist offenbar ein Ideal.

Ideale sind unerreichbar, immer aber erstrebenswert. Kant schrieb 1784 in seiner „Beantwortung der Frage: Was ist Aufklärung?", wir lebten zwar in einem Zeitalter der Aufklärung, nicht aber schon in einem aufgeklärten. Das ermutigte weitere Aufklärung, zeigte aber an, daß das Ideal völliger Aufklärung nie erreicht werden würde. Mutatis mutandis kann es uns ermuntern, vom rechthaberisch bedingten Recht dem rechthaberfreien Rechten zuzustreben. Dazu gehören Glaube an dieses Ideal und Liebe zu ihm sowie die Bereitschaft, ihnen Opfer zu bringen.[6]

---

[6] Am Ende seiner Heidelberger Prorektoratsrede, Der Kampf des alten mit dem neuen Recht, Heidelberg, 1907, sagte der als Positivist bekannte Georg Jellinek: „Alle Zukunft ist nicht Gegenstand des Wissens, sondern des Glaubens. Aus der Vergangenheit können wir Mut zu dem Glauben schöpfen, daß auch der Kampf der Rechtsordnungen dazu berufen sei, das Menschengeschlecht auf eine höhere Stufe sittlicher Entwicklung zu führen!" Vom Glauben zu Recht, Gerechtigkeit und Liebe überleitend, siehe Joseph Ratzinger, Wendezeit für Europa – Diagnosen und Prognosen zur Lage von Kirche und Welt, 2. Aufl., Freiburg, 1992, 30 ff. Im letzten Absatz heißt es dort, 126 f.: „Goethe hat einmal den Kampf zwischen Glaube und Unglaube als das große Thema der Weltgeschichte bezeichnet. Er griff damit zurück auf die Geschichtsphilosophie Augustins, der es freilich anders ausgedrückt hatte. Augustin sieht in der Weltgeschichte den Kampf von zweierlei Liebe, der Selbstliebe bis zur Gottesverachtung und der Gottesliebe bis zur Selbstverachtung. Heute könnten wir dasselbe vielleicht noch einmal etwas anders formulieren: Die Geschichte ist gezeichnet durch die Auseinandersetzung zwischen Liebe und der Unfähigkeit zu lieben, jener Verödung der Seelen, die eintritt, wo der Mensch nur noch die quantifizierbaren Werte überhaupt als Werte und als Wirklichkeiten anzuerkennen vermag. Die Liebesfähigkeit, das heißt die Fähigkeit, auf das Unverfügbare in Geduld zu warten und sich von ihm beschenken zu lassen, wird erstickt durch die schnellen Erfüllungen, in denen ich auf niemanden angewiesen bin, aber auch nie aus mir heraustreten muß und darum auch nie in mich hineinfinde." Auch schnelle Erfüllungen dürften auf Rechthaberei beruhen, ob sie sich nun in Gesetzen niederschlagen oder nicht. Hier denkt man an die Worte aus Augustins De vera religione, die Voegelin seinem oben angeführten

## VI. Überwindung der Rechthaberei im Recht

Da nun Rechthaberei meist egoistisch motiviert ist, wie immer sie sich auch altruistisch geben mag, könnten hier die Imperative Kants, der sich noch in seinem letzten Werk gegen den Egoismus richtete, eine bedeutende Rolle spielen. Der Weise von Königsberg erwähnt voller Demut und Respekt „die Richtersprüche desjenigen wundersamen Vermögens in uns, welches wir Gewissen nennen", den „inneren Richterstuhl", den bestirnten Himmel über sich und das moralische Gesetz in sich. Er führt weiter ähnliches aus und stellt betont dem Prinzip der eigenen (mehr oder weniger rechthaberisch angestrebten) Glückseligkeit, „l i e b e d i c h s e l b s t ü b e r a l l e s, G o t t a b e r u n d d e i n e n N ä c h s t e n u m d e i n s e l b s t w i l l e n", das „Gesetz aller Gesetze" gegenüber, „l i e b e G o t t ü b e r a l l e s u n d d e i n e n N ä c h s t e n a l s d i c h s e l b s t."[7] Die Ansichten des moralischen Rechtsphilosophen könnten uns richtig weisen.

Ein rechter Weg ist oft hart und steinig. Vieles an Hindernissen und Versuchungen wird denen, die ihn zu gehen wagen, in den Weg gelegt. Denn mächtig und tückisch lauern die Feinde des Guten, und seine Freunde werden wankend. Das Fortschreiten vom Recht zum Rechten und Gerechten, in dem nichts Rechthaberisches mehr obwaltet, wird seine Zeit brauchen und viel Geduld. In ihr aber dürfte menschliches Sein es erfordern, bestehendem, wenn auch nicht bestem Recht zu gehorchen und ihm Gehorsam zu verschaffen, damit immer mehr verbessertes Recht den Weg weise zur Gerechtigkeit.

Ist das, was ist, vernünftig, haben Rechtsordnungen ihren Sinn, böse wie sie jeweils erscheinen mögen. Niemals sollte

---

Werk über gnostische Bewegungen als Motto voranstellt: „In consideratione creaturarum non est vana et peritura curiositas exercenda; sed gradus ad immortalia et semper manentia faciendus."

[7] Kritik der praktischen Vernunft, Werke, V, 74, 76, 79, 80, 82, 83, 87, 93, 117, 128, 152, 161.

man den Satz Madisons im 51. Essay des „Federalist" vergessen: „If men were angels, no government would be necessary." Und obgleich Kant die ihm nicht engelreinen Menschen als Opfer des Gesetzes sah, war er doch für deren Befolgung der Gesetze und des Rechts. Die Schwierigkeit, vom Recht zum Rechten und zur Gerechtigkeit zu gelangen, folgt auch aus der hier vertretenen Ansicht, Recht beruhe auf Rechthaberei. Wenn nämlich Rechthaberei der Urgrund des Rechts ist, dürften sich Individuen von Anarchisten hin bis zu Diktatoren im liberalen Verfolg ihrer Politik, unter anderen etwas für sich zu erreichen, fragen, weshalb denn eigentlich ihre eigene Rechthaberei nicht gleich Gesetz und Recht werden soll. Da nun aber einzelne oder deren Gruppierungen sich schwer tun dürften, Rechtes und Gerechtigkeit so zustande zu bringen, scheint der Weg zur Gerechtigkeit über Gesetz und Recht der beste zu sein.

Wie immer Recht auch auf Rechthaberei beruhen mag, führt dieser Weg wohl noch am ehesten zum wünschenswerten Ziel. Selten nur wird Unrecht Recht schaffen, oft dagegen Recht Gerechtigkeit. Diese Vermutung erhellt schon daraus, daß Rechtsordnungen häufig dem Rechten und der Gerechtigkeit gleichgesetzt werden. Man neigt dann dahin, darüber hinwegzusehen, auf welcher Art von Rechthaberei das Recht beruht und was sein ethisches Minimum ist. Da das Recht nun aber als ethisches Minimum gesehen wird, darf man hoffen, dieses Minimum zu einem Maximum der Gerechtigkeit ausdehnen zu können. Daraus kann gefolgert werden: wie Rechthaberei zu Recht wird, gelangt man vom Recht zur Gerechtigkeit. Daher sollte es befolgt werden, selbst wenn es nicht langsam gewachsenes und somit bewachtes Recht ist, denn Wachsen bedeutet Wachen und bewacht und behütet werden.

Angesichts Kants steter Betonung des Gesetzes- und Rechtsgehorsams entspricht die wohl seiner Auffassung des Rechtsstaats.[8] Liest man sein Werk, beeindruckt, daß er

## VI. Überwindung der Rechthaberei im Recht

oft positives Recht dem Moralischen gleichsetzt.[9] Und wenn Montesquieu betonte, die Menschen hätten neben von ihnen gemachten Gesetzen auch solche, die sie niemals machten, dachte er vielleicht nicht nur an von Vorfahren geschaffene Gesetze, sondern auch an Maxime der Ethik, Moral und Sittlichkeit, die ihm infolge ihrer allgemeinen Anerkennung den Geist der Gesetze darstellten.

Es bleibt abzuwarten, ob der ethische, moralische und sittliche Inhalt des Rechts derart ausgedehnt wird, daß die Menschen sich einmal in dem von Locke angedeuteten Naturzustand mit seinen moralischen Gesetzen und Bräuchen wohlfühlen und diesen, den wohl auch Rousseau im Sinn hatte, gar nicht mehr verlassen wollen, ohne sich dabei verlassen vorzukommen, weil, Kants Gesetz aller Gesetze entsprechend, die Liebe sich allgemeiner Anerkennung erfreut. Goethe schien sich das zu erhoffen. Nach Thomas Manns Vortrag zu dessen 200. Geburtstag kehrt das Wort „Liebe" im Werk des Dichterfürsten am häufigsten wieder, sprach der „das sittlich Wahrste" aus in einer seiner gereimten Maximen:

> Wer Recht will tun, immer und mit Lust,
> Der hege wahre Lieb' in Sinn und Brust.

---

[8] Siehe mein Buch: Kant und der Rechtsstaat, Tübingen, 1982, insbes. 36 f. Nach Hayek, Verfassung der Freiheit, 252, stellten deutsche Schriftsteller gewöhnlich Kants Theorien an den Anfang ihrer Berichte über die Rechtsstaatsbewegung. A. A. Heinrich Triepel in Veröffentlichungen der Vereinigung der Deutschen Staatsrechtslehrer, VII (1932), 197. Zum Ganzen siehe Schmitt, Was bedeutet der Streit um den ‚Rechtsstaat'?; mein Buch: Two Concepts of the Rule of Law, Indianapolis, 1973, Rechtsstaat und Staatsrecht unterscheidend; Christian Starck, Übermaß an Rechtsstaat?, Z. für Rechtspolitik, XII (1979) 209; Uwe Diederichsen, Innere Grenzen des Rechtsstaats, in Der Staat, XXXIV (1995), 33.

[9] Was heißt: Sich im Denken orientieren?; Über den Gemeinspruch usw.; Zum ewigen Frieden; Metaphysische Anfangsgründe der Tugendlehre (1797); Streit der Fakultäten; Anthropologie. In Werke, VIII, 146; VIII, 300, 305, 313; VIII, 350, 376, 377, 385; VI, 388, 394; VII, 29, 31 f., 91; VII, 259.

## VI. Überwindung der Rechthaberei im Recht

Im Einklang mit Fichtes Überzeugung, daß „wir den gemeinschaftlichen Ruf haben, gut zu seyn, und immer besser zu werden,"[10] könnte sich dann die Hoffnung Schillers und Beethovens von der Brüderlichkeit aller Menschen, an die man auch 1789 dachte, ähnlich rechtfertigen wie die Wagners vom reinen Rheingold. Die Menschheit wäre ihrem lange erstrebten Ziel näher gekommen: der Verwirklichung des Traums vom Fortschreiten des Rechts zur vom Trauma der Rechthaberei nicht mehr belasteten Gerechtigkeit. Besseren Wissens und guten Gewissens könnte sie dann in Demut voller Hoffnung und Vertrauen das Niederländische Dankgebet anstimmen:

> Wir treten zum Beten vor Gott, den Gerechten.
> Er haltet und waltet ein strenges Gericht.

---

[10] Ende der zweiten, die Bestimmung des Menschen in der Gesellschaft behandelnden Vorlesung, a. a. O., 49 f. Auch aus Kants Diskussion des Streits der philosophischen Fakultät mit der juristischen erhellt, mit Hinweis auf die Französische Revolution, daß das menschliche Geschlecht im Fortschreiten zum Besseren ist. Auf Seite 39 f. des Vortrages von Fichte stehen die von ihm betonten Worte, *„es ist der Zweck aller Regierung, die Regierung überflüßig zu machen",* – „was auch ein sehr großer Mann darüber sage." Hier war wohl Kant gemeint, dessen hohe Meinung vom Staate meine oben erwähnte Arbeit über Kant und den Rechtsstaat hervorhebt.

Wie eindringlich der große Befreier auch die Notwendigkeit eines der Moral entsprechenden Rechts betonte und egoistische Neigungen bekämpfte, zeigt ihn die Vorrede seiner 1797 veröffentlichten Metaphysischen Anfangsgründe der Rechtslehre doch als – Rechthaber!

Printed by Libri Plureos GmbH
in Hamburg, Germany